李韵捷 著

新工科创新创业
竞赛训练

TRAINING FOR NEW ENGINEERING INNOVATION
AND ENTREPRENEURSHIP COMPETITIONS

理论研究与实践启示
Theoretical Research and Practical Insights

社会科学文献出版社
SOCIAL SCIENCES ACADEMIC PRESS (CHINA)

卷首语

新工科创新创业竞赛训练，其实很不简单

创新创业研究是一个广泛的领域，本书聚焦高校的新工科创新创业竞赛训练情境，希冀结合前人的学术研究成果，以及近年来笔者的学术研究心得、实践指导经验，讨论新工科创新创业竞赛训练的相关理论及实践要点，力求系统地总结新工科创新创业竞赛训练的理论成果和实践启发。只是，要达成这个目标并非易事。

第一，新工科创新创业竞赛训练研究，其实很不简单。创新创业研究通常需要在发展过程中不断地进行阶段性总结，以求回应创新创业实践的变化。新工科创新创业研究便是基于新工科建设背景下的创新创业实践动向，探索新的研究现象、新的研究问题及其可能产生的新的理论知识。研究者既需要关切已有创新创业理论的知识，又要思考新现象的独特性，进入"研究探索—研究总结—再探索—再总结"的螺旋式研究过程。然而，既有的大多数研究成果立足新工科建设背景，阐释了一

些典型高校的新工科创新创业竞赛训练模式及其育人效能，但相关研究亟须从"数量型扩张"转向"内涵型发展"，超越一般的实践归纳思维，洞察竞赛训练背后的理论原理，甚至挖掘新工科创新创业竞赛训练的一些新知识。比如，本书在前人研究的基础上，解构了新工科创新创业训练可能涉及的既有理论知识，同时也明确了新工科创新创业竞赛训练、新工科创新创业机会等重要概念的新内涵，等等。只是，本书也仅仅是阶段性总结中的一步，新工科创新创业竞赛训练仍有诸多细分研究的空间及机会，我们呼吁且期盼越来越多的学友们能共同推进新工科创新创业竞赛训练研究。

第二，新工科创新创业竞赛训练实践，其实很不简单。笔者在一所理工科大学担任"大学生职业规划与创业教育""大学生就业创业指导"等课程主讲教师，作为参赛成员和指导老师，在"挑战杯"和"互联网+"的高水平国家级竞赛舞台上，共斩获了6金5银7铜、1个一等奖，共19个国家级奖项，在新工科创新创业竞赛训练实践方面有些许经验，笔者与多个项目团队共同经历了新工科创新创业竞赛训练，多次携手向最高的奖项发起冲击，深知学生团队从项目构思到项目实践再到推动项目可持续发展的不易，学生团队既要懂技术，又要懂管理，还要运用综合素质能力对接资源、拼凑资源及联动资源，以百折不挠的创业精神带着项目迎接各种挑战。本书实践篇所展示的案例，均是在高水平创新创业竞赛训练中获奖的优秀作品，是学生团队的智慧结晶。为了让读者更好地理解本书相关要点，本书一方面展现了详细的文本内容，另一方面基于对案例文本的研究，简单明了地揭示了相关案例带来的启示。当然，本着"脱敏"原则，我们对案例中提及的部分企业作了隐匿化处理，对案例内容涉及的一些核心技术和市场数据等也适当进行了删改，故而我们要特别强调的是，本书中的所有案例内容不具有商业参考价值。

李韵捷

2024 年 10 月

目 录 >>>>>>

上　篇
理　论　篇

下 篇

实 践 篇

上 篇

理 论 篇

第一章　新工科创新创业竞赛训练的相关理论研究

第一节　创新创业与新工科创新创业竞赛训练的概念

一　创新的定义

"创新"是管理学界、教育学界均耳熟能详的一个词语，但也正是因为过于熟悉，可能不少人对其深意习焉不察。作为创新理论重要奠基人的经济学家熊彼特认为，创新是"重组现有资源，创造新的生产函数"[①]，换言之，创新即生产要素的新组合。不过，随着创新研究的跨学科发展，知识管理、技术与工程、组织学习等各领域的学者立足自身学科背景及研究需要，为创新一词赋予或发展更为丰富的内涵，并提出 60 多个创新的定义。这些定义有的相对抽象地强调"新"在何处，比如，创新是"新思想、新过程、新产品或新服务的产生、接受和实施"[②]。学者们

[①]　Schumpeter J. A. , *The Theory of Economic Development: An Inquiry into Profits, Capital, Credit, Interest, and the Business Cycle*, New Brunswick, New Jersey: Transaction Books, 1934.

[②]　Thompson V. A. , "Bureaucracy and Innovation," *Administrative Science Quarterly*, 1971, 16 (2): 1-20.

还进一步指出，创新的范围不仅可能涉及新技术、新产品及新工艺等硬性方面，还可能涉及整个经济体系的市场创新、组织制度创新等。另外，有一些定义相对聚焦地强调创新的具体形式，如将创新定义为与新技术相关的产品[①]，或是将创新定义为知识和思想的创造[②]。

事实上，对创新的体验会受到个体评估与判断的影响。由个体知识与经验积累所发展出来的多元概念观点，可以从不同侧面描述创新这一现实，我们相信这些观点的"结合"，为我们更全面、更客观地认识与创新相关的社会现象提供了机会。Baregheh等[③]学者便通过分析既有定义的性质、内涵、情境等，从兼容学科的目的出发，对创新进行了更具包容性的界定，目前学术界研究也普遍采用该观点。此外，2016 年 9 月 G20 杭州峰会通过的《二十国集团创新增长蓝图》，对创新的含义有比较完整的阐述，亦是值得参考的重要释义（见表 1-1）。

表 1-1　关于创新的重要定义（兼容学科的角度）

年份	出处	定义
2009	"Towards a Multidisciplinary Definition of Innovation"	创新是一个多阶段的过程，即组织将思想转变为新的/改进的产品、服务或流程，以在市场中成功地发展、竞争和脱颖而出
2016	《二十国集团创新增长蓝图》	创新是指在技术、产品或流程中体现的新的和能创造价值的理念。创新包括推出新的或明显改进的产品、商品或服

① Nord W., Tucker S., *Implementing Routine and Radical Innovations*, Lexington, MA: Lexing-ton Books, 1987.

② Plessis M. D., "The Role of Knowledge Management in Innovation," *Journal of Knowledge Management*, 2007, 11 (4): 20-29.

③ Baregheh A., Rowley J., Sambrook S., "Towards a Multidisciplinary Definition of Innovation," *Management Decision*, 2009, 47 (8): 1323-1339.

年份	出处	定义
		务，源自创意和技术进步的工艺流程，在商业实践、生产方式或对外关系中采用的新的营销或组织方式。创新涵盖了以科技创新为核心的广泛领域，是推动全球可持续发展的主要动力之一，在诸多领域发挥着重要作用，包括促进经济增长、就业、创业和结构性改革，提高生产力和竞争力，为民众提供更好的服务并应对全球性挑战

二　创业的定义

1999 年《全球创业观察》报告对"创业"是这样定义的："任何个人、群体或已成立的企业，对诸如以自我雇佣、新型企业组织或现有企业的发展形式，所进行的成立新企业或新的风险投入的尝试。"作为一个较为权威的初始观点，它对于引导人们理解创业在经济增长中的作用具有积极意义。同时，我们回溯创业的源初含义，《辞海》将创业解释为"创立基业"。基于这些创业的基本内涵，理论界有大量研究从创业者特质、创业活动及创业过程等视角，进一步丰富了创业的定义。

创业者特质视角下的研究认为，创业者具有一些共同特质，并以此来识别谁可能成为创业者。在早期研究中，Cantillon 较早地对创业者进行了概念化，其在《商业性质概论》中把创业者定义为在环境不确定性情况下承担风险、管理公司并做出理性决策的人。此后，侧重于立足心理学理论资源的一些研究提出，本质上看，创业者特质是一种心理特质。不过伴随着创业研究越发关注创业情境，研究者又把研究注意力投射到具体的情境及情境化行为过程，创业者的资源禀赋、能力特质、品质特征及社会性等被发掘与总结出来。Gibb 列举过一些重要的创业者特征：说服能力、灵活变通能力、问题解决能力、成就动机、适当的冒险力、勤奋等；[①] Timmons 则把创业者的特性总结为自信、目标导向、适度冒险、创造和发明者[②]。以归类思路的有关研究，提出创业者特质可划分为个人特质（包括风险偏好、成就动机和创业警觉性等）及社会特质（包括先验知识和社会资本等），[③] 或是显性特质（包括文化程度、先前经历等）和隐性特质（包括机会识别或创造能力、韧性等）[④]。

但是创业者特质本身并非稳固不变的，人们对创业者特质的衡量与评价也存在主观偏差的风险，而且，一味关注创业者特质而忽略创业情境、创业学习等与创业的关系，更是难以揭示创业的系统性与复杂性。综上，创业者特质论具有一定的局限性，理论界逐渐步入关注创业活动及创业过程的研究路径。

创业活动视角下的研究，强调创业即创办新组织，关切创业组织的高管特征、组织架构与组织形态等。高管团队是创业活动的决策中心，高层管理者肩负创业成败的关键性责任，高管团队的风格与特性对创业组织参与创业活动产生影响。当然，由高管团队牵头设计组织架构后，可以有效地将组织成员整合起来参与

---

① Gibb A. A., "Enterprise Culture and Education: Understanding Enterprise Education and Its Links with Small Business, Entrepreneurship and Wider Educational Goals," *International Small Business Journal*, 1993, 11 (3): 11-34.

② Timmons J. A., "Characteristics and Role Demands of Entre-preneurship," *American Journal of Small Business*, 1978, 3 (1): 5-17.

③ 仲伟仁、芦春荣：《环境动态性对创业机会识别可行性的影响路径研究——基于创业者个人特质》，《预测》2014 年第 3 期。

④ 于晓宇、胡芝甜、陈依等：《从失败中识别商机：心理安全与建言行为的角色》，《管理评论》2016 年第 7 期。

到创业活动中①，创业责任还与组织架构中其他组织成员息息相关。此外，基于不同的创业组织形态，农民创业、社会创业、家族创业、跨境创业等逐渐成为细分研究领域，不同研究领域的知识贡献既各具特色，又相互交融。

创业过程视角下的研究，主要是讨论创业者对创业机会的识别与开发。代表性的观点有，创业是一种思考、推理及行为方式，这种方式格外强调机会驱动、注重方式方法和与领导相平衡，创业过程就是连续的商机、资源及团队之间匹配与平衡的行为；② 创业是追逐及捕获机会的过程，这一过程与其当时控制的资源无关；③ 创业是一个动态演化的过程，这一过程可划分出机会识别、资源整合、企业开办、成功建立、回报收获等几个阶段④。

三　创新创业的定义

当教育界谈论创业，总是不可避免地要提及源自美国斯坦福大学的"创业教育"概念，该概念的源初定义是培养学生从事商业活动的综合能力，使学生从单纯的求职者变为职业岗位的创造者。⑤ 在西方语境，创业教育主要聚焦经济领域，并凸显

---

① Covin J. G., Slevin D. P., *The Entrepreneurial Imperatives of Strategic Leadership*；Hitt M. A., Ireland R. D., Camp S. M., et al., *Strategic Entrepreneurship：Creating a New Mindset*，Oxford：Blackwell Publishers，2002.

② Timmons J. A., Soinelli S., *New Venture Creation：Entrepreneurship for the 21st Century*，Boston：Irwin. Homewood，1999.

③ Stevenson H. H., "Why Entrepreneurship Has Won," *Coleman White Paper*，2000，2（4）：483.

④ 〔美〕罗伯特 A. 巴隆等：《创业管理：基于过程的观点》，张玉利、谭新生、陈立新译，机械工业出版社，2005。

⑤ 施冠群、刘林青、陈晓霞：《创新创业教育与创业型大学的创业网络构建——以斯坦福大学为例》，《外国教育研究》2009 年第 6 期。

商业价值的创造。然而，基于"知行合一"哲学理念的向导和高校对人才素质培养的定位，我国教育界大体认为创业行为足以覆盖经济、政治和文化领域，而这些领域创意理念及商业价值的开发创造均离不开创新的元素。[①]

基于创新、创业的基本内涵，同时结合我国创业教育实际情况，本书认为，"创新创业"可以具化为"基于创新的创业"。既要强调创新性活动满足既有市场的需求或创造潜在市场的需求，更要强调以技术创新、制度创新或商业模式创新等驱动创业过程（见图1-1）。因此，创新创业与技术、市场等发展动向是息息相关的，兼具着技术风险、市场风险等多重不确定性。创新创业的成功与否直接影响着某些产业发展的格局与未来，甚至影响整个社会发展的可持续。创新创业教育活动理应重视"基于创新的创业"这一理念。

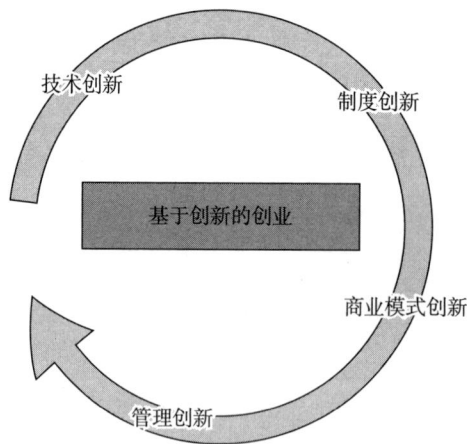

技术创新　　　　制度创新

基于创新的创业

商业模式创新

管理创新

图 1-1　基于创新的创业

---

① 王志强、郭宇：《"追求成功"还是"追求幸福"：对创新创业教育目的的伦理审思》，《教育发展研究》2022年第1期。

四　新工科创新创业竞赛训练的定义

竞赛训练一般是指各类竞赛活动的实践及准备过程，旨在以系统性的学习和训练，提高参赛者在特定领域的知识水平、技能水平及其他能力。创新创业竞赛训练作为一种专门面向已创业或潜在创业主体的竞赛活动，其竞赛训练过程主要涉及以下几个方面的内容。其一，储备基本知识技能。参赛者需要深入学习和掌握与竞赛相关的知识、理论和技能。比如，创业课程学习、经典创业案例研究、创业难题解决思维等理论化知识。其二，掌握方法和策略。创业竞赛通常要求参赛者在规定时限内解决问题或完成指定任务，并以商业计划书、路演等方式呈现成果。因此，参赛者需要学习和熟练掌握阐述创业故事的方法、技巧和策略，以提高信息传达的效率和准确性。其三，积极模拟和实践。参赛者往往通过多番模拟测试、练习赛等来提高正式应赛的综合能力。其四，促进团队合作和交流。参赛者需要与创业团队成员合作，共同解决问题或完成任务。可见，创新创业竞赛训练是基于体验式创业教育思想的重要教育方式。课题组选择创业教育起步较早且成效较为显著的普林斯顿大学、沃顿商学院、曼彻斯特大学、阿姆斯特丹大学、香港城市大学和南京大学作为研究对象，通过梳理这六所国际著名综合性高校的创业教育课程体系，发现依托创新创业竞赛训练，能够在创业教育过程中兼顾文理，既促进学科间的联系与交融，又促进学生间的跨学科、跨专业能力的培养与发展，在创业教育中具有独特优势（见表1-2）。

表1-2 国内外六所高校创新创业教育课程体系

学校名称	普林斯顿大学	沃顿商学院	曼彻斯特大学	阿姆斯特丹大学	香港城市大学	南京大学
课程体系名称	创业证书系列课程	格尔根创业管理计划	创业学位系列课程	创业辅修课程	创新创业系列课程	创新创业教育课程
课程设计目标	将人文教育与创业教育相结合	商业型领导人才	产学结合	地区联盟	社会企业和技术创新	专业教育与创业教育相结合
课程结构	证书课程，包括两门入门课程，两门核心课程，一门自选课程	1. 管理方向中的核心课程；2. 创业与创新专业，包括核心课程、基础课程、选修课程	学位课程	辅修课程，包括必修课程和选修课程	1. 精进教育课程；2. 专业选修课程；3. 辅修课程：核心课程、主要课程、选修课程	1. 创新教育课程：新生研讨课、高水平通识课和高年级研讨课；2. 创业教育课程：创业平台课程、行业专业课程、嵌入式专业课程
课程内容 第一课堂	1. 入门课程：创业的基础、创造力、创新和设计思维论等；2. 核心课程：跨技术、业务和市场创新、客户发现、商业化和价值主张、企业创业领导力、设计以改变世界、未来的设计、美国资本主义的历史、工作和社会与资金、工作和社会	1. 管理方向中的核心课程：创业和技术创新和创业。2. 创业与创新专业：①核心课程：工业关系和人力资源管理、跨国管理；②基础课程：创业、技术创新与创业；③选修课程：医疗保健创业、法律方面的创业、社会创业、家族企业创业与	第一年：企业分析 1和2，商业和管理技能，管理案例分析，经济学原理，微观经济学，财务决策。可以从会计与创业报告中就业和创业。第二年：金融，经济，法律，社会学研究等的课程单元。剩余的课程单元选择。第三年：	1. 必修课程：创业案例，实践；创业精神；2. 选修课程：创业与创新、战略管理、信息资源管理、人力资源管理、文化产业、金融、市场营销、企业社会责任、组织心理学、管理会计（中级）等	1. 精进教育课程：社会创业和创新，社会创新和创业风险探索、创新和创业基础。2. 专业选修课程：创业导论、新兴经济体的创业、创业战略型创业、创业原则、战略创业、创新与创意管理；3. 辅修课程：管理学、创业导论、产品与服务创新管理、	1. 创业平台课程：创业管理与行为学等，地理信息系统应用与创业、创业团队管理、创业团队、领导力与团队、创业概论等。2. 行业课程：互联网商务模式创业与管理、GPU科技创业及其构建、环保产业与人工智能、高

续表

课程内容			
第一课堂	生活、民族史、证据和经验等; 3.自选课程:不确定性经济学、伦理学与经济学、神经经济学、决策心理学、艺术作为心理互动	①三年制——完成实质性论文或咨询项目。课堂教授中包括的主题如创新风险管理、新业务投资等;②四年制——带薪实习。第四学年(四年制):完成实质性论文或咨询项目。课堂教授中包括的主题如创新管理、新业务、风险投资等	实践、咨询成长公司、风险投资与创业管理、创业营销、创业探索计划、沃顿商业山湾区技术一旧金山湾区技术部门等
	制订和提出商业计划、战略企业家精神、协商与谈判、领导力、社会创新和公共政策	的创新创业、陶艺与创意、新媒体文化与创新设计、NAO机器人创新设计、3D打印创新设计应用、电子系统创新设计与工程应用等;3.嵌入式专业课程:商务智能、经济地质学、资源评价等	
第二课堂	1.基于社区的自主学习课程(CBL); 2.创业专题研讨会、TEDxPrincetonU; 3.创新创业比赛、Tiger Challenge; 4.网上工作坊、创业工作坊	各种创新创业大赛、商业计划项目、企业启动项目、企业家进校项目、沃顿四四顶峰体验、曼彻斯特创业计划挑战、"大四四顶峰体验"项目、海外留学项目	带薪实习、曼彻斯特特创业中心、创业学院
	创业营、实践研讨会、校外活动和讲座(如头脑风暴、精益创业、商业模式画布、团队创成、金融等)	创新创业教育平台、工作坊、座谈会、联合大学生创业计划培训、"我的探索"创新比赛、亚洲社会创新奖(A-SIA)、智能产业创新创业大赛、社会企业创业者培育计划	创业课堂、创新创业竞赛、大学生创业训练计划项目、创新创业成果孵化、企事业单位实习实训、就业创业基地等

11

续表

| 课程实施 | 1. 阅读相关文本和进行案例研究和分析；
2. 各种个人和团体创新创业课题或项目：Princetemships、eLab半年孵化器；
3. 研讨会、社会实践、步速中心突围（Pace Center Breakout Trips）项目；
4. 导师制 | 1. 课堂讲授、案例教学、实地研究、动手学习、角色模拟、专题研讨、学术讲座和嘉宾演讲；
2. 各种团队合作或个人的课外实践活动、创业课题或项目；
3. 进入企业担任咨询顾问 | 1. 曼彻斯特项目教学法；
2. 通常每学期学习四个或五个课程单元，每周通常有两个小时的单元课程讲座，每隔一周有一小时的工作坊，小组工作和小组演示是个人演示作业是常规部分 | 团队合作完成任务。注重课堂参与 | 讲座、阅读学习、案例研究、小组作业、实地考察等 | 参与式教学、案例分析、无领导小组讨论、角色扮演、参观体验、头脑风暴等 |

资料来源：《创新创业三层次课程体系开发研究报告》（广州市高等学校创新创业教育项目研究成果，广东工业大学祁明德教授是该项目主持人）。

新工科创新创业竞赛训练是在创新创业竞赛训练的一般意义上，融入新工科教育理念的新提法。"新工科教育与实践"是 2017 年以来教育部大力推动的教育战略，需要指出的是，新工科教育理念不是要求教育界造出一个新的工学学科或工程学科，而是要求面向未来产业发展的工程教育的系统性变革；新工科建设的要义"不是简单地按照传统教育模式开设新专业，也不是简单地增加新内容，更不是将传统课程体系冠以新名词"[1]，而是强调教育界积极探索理工科教育教学理念和人才培养模式的深层次、根本性变革[2]。据此，本书认为新工科创新创业竞赛训练，即是在新工科教育理念指导下，聚焦创新需求及产业需求，着眼学生解决复杂工程问题能力提升及创新创业能力培养，以"产学创"融合为突破的创新创业竞赛训练改革（见图 1-2）。[3]

课题组选择广东工业大学作为研究对象，该校从产业需求、学科支撑、教育教学、学生成长和资源利用等维度，实施"5I"（产教融合 Industrial、学科交叉 Interdisciplinary、创新创业 Innovation、个性培养 Individual、区域融合 Inter-zone）路径，形成了独具特色的地方工科大学卓越工程人才产教融合培养模式，培育符合国家高质量发展需要的高素质工程技术人才，为发展新质生产力展现地方工科大学卓越工程人才培养作出新作为。[4] 其中创

---

① 顾佩华：《新工科与新范式：实践探索和思考》，《高等工程教育研究》2020 年第 4 期。
② 邵波、史金飞、郑锋等：《新工科背景下应用型本科人才培养模式创新——南京工程学院的探索与实践》，《高等工程教育研究》2023 年第 2 期。
③ 梁静鑫、祁明德、刁衍斌等：《"产学创"：新工科人才培养工程实践系统的优化机制》，《系统科学学报》2022 年第 2 期。
④ 邱学青：《地方工科大学卓越工程人才培养"5I"新路径探析》，《中国高等教育》2024 年第 10 期。

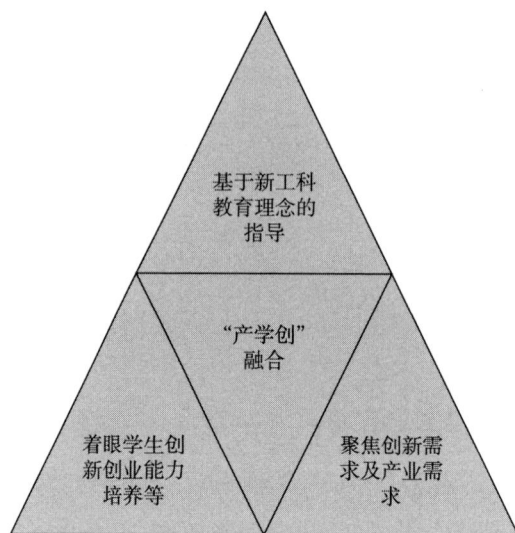

图 1-2　新工科创新创业竞赛训练的概念内涵

新创业作为该校重要的人才培养路径之一，通过重构实践课程体系、创新培养体制机制以及提升教师工程实践能力，以资源与能力互补来促进教育链、人才链与产业链"同频共振"，近年来该校荣获教育部颁授的"国家级创新创业教育实践基地"荣誉牌匾，获广东省教育厅颁授的"广东省大学生创新创业教育示范学校"荣誉牌匾及"广东省创新创业教育实践基地"荣誉牌匾，学校成为全省唯一获得创新创业教育 9 项国家级荣誉的高校。广东工业大学善于将新工科教育与创新创业教育有机融合，创新创业教育工作在国内高校中持续保持领先地位并有效发挥示范引领作用。该校根据《国务院关于强化实施创新驱动发展战略 进一步推进大众创业万众创新深入发展的意见》、广东省教育厅历年发布的关于做好广东省本科高校大学生学科竞赛工作的通知等有关文件，参照中国高等教育学会发布的《全国普通高校大学生竞赛排行榜》，形成了《广东工业大学大学生创新创业类竞赛项目级别细则（2021修订）》，该细则并不局限于理工科类创新创业竞赛训练，而是围绕新工科教育理念，整合一系列产教融合、跨学科交叉的高质量创新创业竞赛训练，分层级引导学生参与，充分发挥创新创业竞赛训练对大学生实践能力和创新能力培养的积极作用，具有一定的借鉴推广价值（见表1-3）。

表1-3　广东工业大学大学生创新创业竞赛体系一览

特级竞赛（共7项）

编号	竞赛名称	组织方背景	备注
1	中国国际大学生创新创业大赛（原中国国际"互联网+"大学生创新创业大赛）	教育部、工信部	多部委联合主办，纳入学科竞赛排行榜
2	"挑战杯"全国大学生课外学术科技作品竞赛	共青团中央、教育部、中国科协、全国学联	多部委联合主办，纳入学科竞赛排行榜
3	"挑战杯"中国大学生创业计划竞赛	共青团中央、教育部、中国科协、全国学联	多部委联合主办，纳入学科竞赛排行榜
4	ACM国际大学生程序设计竞赛（全球总决赛）	美国计算机协会	纳入学科竞赛排行榜
5	RoboCup机器人世界杯	RoboCup竞赛组委会	其全国选拔赛纳入学科竞赛排行榜
6	亚太大学生机器人大赛（ABU RoboCon）	亚洲广播联合会主办	其全国选拔赛纳入学科竞赛排行榜
7	全国大学生数学建模竞赛	教育部高等教育司、中国工业与应用数学学会	纳入学科竞赛排行榜

一级竞赛（共57项）

编号	竞赛名称	组织方背景	备注
1	中国国际大学生创新创业大赛广东省分赛（原"互联网+"大学生创新创业大赛广东省分赛）	广东省教育厅、团省委	

续表

一级竞赛（共 57 项）			
编号	竞赛名称	组织方背景	备注
2	"挑战杯"广东大学生课外学术科技作品竞赛	团省委、省教育厅、省科技厅、省科协、省学联共同主办	
3	"挑战杯"广东大学生创业大赛	团省委、省教育厅、省科技厅、省科协、省学联共同主办	
4	ACM 国际大学生程序设计竞赛（亚洲赛）	美国计算机协会	
5	中国机器人大赛暨 RoboCup 机器人世界杯中国赛	中国机器人大赛暨 RoboCup 机器人世界杯中国赛由 RoboCup 中国组委会、中国自动化学会、教育部高等学校自动化类专业教学指导委员会主办	纳入学科竞赛排行榜
6	全国大学生机器人大赛（RoboCon）	共青团中央、全国学联主办	纳入学科竞赛排行榜
7	全国大学生电子设计竞赛（含嵌入式系统专题邀请赛）	教育部高教司、工信部人教司	纳入学科竞赛排行榜
8	全国大学生化学实验邀请赛	教育部高等学校化学教育研究中心	纳入学科竞赛排行榜
9	全国大学生机械创新设计大赛	教育部高等学校机械学科教学指导委员会	纳入学科竞赛排行榜
10	全国大学生结构设计竞赛	高等学校土木工程学科专业指导委员会、中国土木工程学会联合主办	纳入学科竞赛排行榜
11	全国大学生广告艺术大赛	教育部高等教育司、教育部高等学校新闻学学科教学指导委员会、中国传媒大学与中国高等教育学会广告教育专业委员会	纳入学科竞赛排行榜

一级竞赛（共57项）			
编号	竞赛名称	组织方背景	备注
12	全国大学生智能汽车竞赛	教育部高等学校自动化专业教学指导分委员会	纳入学科竞赛排行榜
13	全国大学生交通科技大赛	教育部高等学校交通运输与工程学科教学指导委员会、交通工程教学指导分委员会	纳入学科竞赛排行榜
14	全国大学生电子商务"创新、创意及创业"挑战赛	教育部高等学校电子商务专业教学指导委员会	纳入学科竞赛排行榜
15	全国大学生节能减排社会实践与科技竞赛	高等教育司、能源动力学科教学指导委员会	纳入学科竞赛排行榜
16	中国大学生工程实践与创新能力大赛（原全国大学生工程训练综合能力大赛）	教育部高等教育司、教育部工程训练教学指导委员会	纳入学科竞赛排行榜，《教育部直属单位评审评比评估和竞赛清单》中教育部主办的高等学校三大赛事之一
17	全国大学生物流设计大赛	教育部高等学校物流类专业教学指导委员会和中国物流与采购联合会	纳入学科竞赛排行榜
18	外研社全国大学生英语系列赛（英语演讲、英语辩论、英语写作、英语阅读）	教育部高等学校大学外语教学指导委员会、教育部高等学校英语专业教学指导分委员会、外语教学与研究出版社	纳入学科竞赛排行榜
19	全国高等医学院校大学生临床技能竞赛	教育部医学教育临床教学研究中心、教育部临床医学专业实践教学指导分委员会	纳入学科竞赛排行榜
20	全国大学生创新创业训练计划年会展示	教育部高等教育司	纳入学科竞赛排行榜
21	机甲大师（RoboMaster）	共青团中央、深圳市政府主办	纳入学科竞赛排行榜

一级竞赛（共57项）			
编号	竞赛名称	组织方背景	备注
22	"西门子杯"中国智能制造挑战赛	教育部高等学校自动化类专业教学指导委员会、西门子（中国）有限公司、中国仿真学会	纳入学科竞赛排行榜
23	全国大学生化工设计大赛	中国化工学会、中国化工教育协会、教育部高等学校化学工程与工艺专业教学指导分委员会	纳入学科竞赛排行榜
24	全国大学生先进成图技术与产品信息建模创新大赛	教育部高等学校工程图学教学指导委员会、中国图学学会制图技术专业委员会、中国图学学会产品信息建模专业委员会	纳入学科竞赛排行榜
25	中国大学生计算机设计大赛	教育部高等学校计算机类专业教学指导委员会、教育部高等学校软件工程专业教学指导委员会、教育部高等学校大学计算机课程教学指导委员会、教育部高等学校文科计算机基础教学指导分委员会	纳入学科竞赛排行榜
26	全国大学生市场调查与分析大赛	教育部高等学校统计学类专业教学指导委员会、中国商业统计学会	纳入学科竞赛排行榜
27	全国大学生服务外包创新创业大赛	无锡市人民政府联合教育部、商务部主办	纳入学科竞赛排行榜
28	两岸新锐设计竞赛"华灿奖"	中国高等教育学会、中华中山文化交流协会、北京歌华文化发展集团	纳入学科竞赛排行榜

一级竞赛（共 57 项）			
编号	竞赛名称	组织方背景	备注
29	中国高校计算机大赛——大数据挑战赛、团体程序设计天梯赛、移动应用创新赛、网络技术挑战赛、人工智能创意赛	教育部高等学校计算机类专业教学指导委员会、教育部高等学校软件工程专业教学指导委员会、教育部高等学校大学计算机课程教学指导委员会和全国高等学校计算机教育研究会	纳入学科竞赛排行榜
30	全国大学生信息安全竞赛	教育部高等学校信息安全类专业教学指导委员会、教育部高等学校网络空间安全专业教学指导委员会	纳入学科竞赛排行榜
31	全国周培源大学生力学竞赛	教育部高教司、教育部高等学校力学基础课程教学指导委员会	纳入学科竞赛排行榜
32	中国大学生机械工程创新创意大赛——过程装备实践与创新赛、铸造工艺设计赛、材料热处理创新创业赛、起重机创意赛、智能制造大赛	中国机械工程学会、教育部高等学校机械类专业教学指导委员会、教育部高等学校材料类专业教学指导委员会、教育部高等学校工业工程类专业教学指导委员会	纳入学科竞赛排行榜
33	蓝桥杯全国软件和信息技术专业人才大赛	工业和信息化部人才交流中心	纳入学科竞赛排行榜
34	全国大学生金相技能大赛	教育部高等学校材料类专业教学指导委员会	纳入学科竞赛排行榜
35	"中国软件杯"大学生软件设计大赛	江苏省政府、工信部信软司、教育部职成司	纳入学科竞赛排行榜
36	全国大学生光电设计大赛	中国光学学会、教育部高等学校光电信息科学与工程专业教学指导分委员会	纳入学科竞赛排行榜
37	全国高校数字艺术设计大赛	工业和信息化部人才交流中心	纳入学科竞赛排行榜

一级竞赛（共 57 项）			
编号	竞赛名称	组织方背景	备注
38	中美青年创客大赛	教育部留学服务中心、北京歌华文化发展集团	纳入学科竞赛排行榜
39	全国大学生地质技能竞赛	中国地质学会、教育部高等学校地质学类专业教学指导委员会、中国地质学会地质教育研究分会	纳入学科竞赛排行榜
40	米兰设计周——中国高校设计学科师生优秀作品展	中国高等教育学会、中国教育国际交流协会	纳入学科竞赛排行榜
41	全国大学生集成电路创新创业大赛	工业和信息化部人才交流中心	纳入学科竞赛排行榜
42	全国大学生机器人大赛－RoboTac	共青团中央、教育部高等学校机械类专业教学指导委员会、教育部高等学校计算机类专业教学指导委员会、教育部应用技术大学（学院）联盟	纳入学科竞赛排行榜
43	中国机器人及人工智能大赛	中国人工智能学会	纳入学科竞赛排行榜
44	全国高校商业精英挑战赛——品牌策划竞赛、会展专业创新创业实践竞赛、国际贸易竞赛、创新创业竞赛	中国国际贸易促进委员会商业行业委员会、中国国际商会商业行业商会	纳入学科竞赛排行榜
45	中国好创意暨全国数字艺术设计大赛	全国高等院校计算机基础教育研究会、中国电子视像行业协会	纳入学科竞赛排行榜
46	全国三维数字化创新设计大赛	国家制造业信息化培训中心、光华设计发展基金会、全国三维数字化技术推广服务与教育培训联盟	纳入学科竞赛排行榜
47	"学创杯"全国大学生创业综合模拟大赛	高等学校国家级实验教学示范中心联席会经济与管理学科组	纳入学科竞赛排行榜

	一级竞赛（共 57 项）		
编号	竞赛名称	组织方背景	备注
48	"大唐杯"全国大学生移动通信 5G 技术大赛	工业和信息化部人才交流中心、中国通信企业协会、大唐移动通信设备有限公司、北京市教委	纳入学科竞赛排行榜
49	全国大学生物理实验竞赛	高等学校国家级实验教学示范中心联席会物理学科组、全国高等学校实验物理教学研究会、中国物理学会物理教学委员会、《物理实验》杂志社	纳入学科竞赛排行榜
50	全国高校 BIM 毕业设计创新大赛	中国软件行业协会培训中心、广联达科技股份有限公司、西安建筑科技大学	纳入学科竞赛排行榜
51	RoboCom 机器人开发者大赛	工业和信息化部人才交流中心、RoboCom 国际公开赛组委会	纳入学科竞赛排行榜
52	全国大学生生命科学竞赛（CULSC）——生命科学竞赛、生命创新创业大赛	教育部高等学校大学生物学课程教学指导委员会、生物科学类专业教学指导委员会、生物技术与生物工程类专业教学指导委员会、食品科学与工程类专业教学指导委员会	纳入学科竞赛排行榜
53	华为 ICT 大赛	华为技术有限公司	纳入学科竞赛排行榜
54	全国大学生嵌入式芯片与系统设计竞赛	中国电子学会、南京集成电路培训基地	纳入学科竞赛排行榜
55	中国高校智能机器人创意大赛	中国高校智能机器人创意大赛组委会、浙江大学机器人研究院、浙江省余姚市人民政府	纳入学科竞赛排行榜
56	全国大学生工业设计大赛	教育部高等学校工业设计专业教学指导分委员会、广东省教育厅、广东省经济和信息化委员会联合主办	广东省本科高校大学生学科竞赛的上一级（国家级）竞赛项目

续表

一级竞赛（共 57 项）			
编号	竞赛名称	组织方背景	备注
57	全国大学生数学建模竞赛（广东赛区）	广东省教育厅	广东省本科高校大学生学科竞赛项目，其上一级竞赛纳入学科竞赛排行榜

二级竞赛（共 68 项）			
编号	竞赛名称	组织方背景	备注
1	国际基因工程机器竞赛（iGEM）	麻省理工学院、中国科学院生命科学与生物技术局	
2	IF 概念奖	iF International Forum Design GmbH丨iF DESIGN TALENTS GmbH	
3	IDEA 设计奖	美国商业周刊（Business-Week）	
4	RED DOT 设计奖	Zentrum Nordhein Westfalen（德国）	
5	全国计算机仿真大奖赛	教育部高等教育司、全国计算机仿真大奖赛组织委员会	
6	中国（国际）传感器创新创业大赛	中国仪器仪表学会与教育部高等学校仪器类专业教学指导委员会	
7	全国大学生电子信息类创新能力大赛-通信工程应用竞赛	教育部高等学校电子信息类专业教学指导委员会、中国通信学会	
8	"南方泵业杯"全国泵与泵站知识竞赛	全国高等学校给排水科学与工程专业指导委员会、《中国给水排水》杂志社、浙江省城市水业协会、浙江工业大学	
9	全国大学生化工实验大赛	教育部高等学校化工类专业教学指导委员会，中国化工教育协会	

续表

二级竞赛（共68项）			
编号	竞赛名称	组织方背景	备注
10	金砖国家青年创客大赛	金砖国家工商理事会（BRICS BC）、一带一路暨金砖国家技能发展国际联盟（IASDBR）、中国教育部高等学校工程训练教学指导委员会	
11	全国土地资源管理专业大学生不动产估价技能大赛	全国土地资源管理专业大学生不动产估价技能大赛组委会（教育部公共管理类教学指导委员会土地资源管理分委员会）	
12	全国大学生"茅以升公益桥——小桥工程"设计大赛	教育部高等学校交通运输类专业教学指导委员会、交通运输部直属机关团委、北京茅以升科技教育基金会联合主办	
13	全国大学生创新方法应用大赛	教育部创新方法教学指导分委会、中国高校创新创业学院联盟主办	
14	中国制冷空调行业大学生科技竞赛	中国制冷空调工业协会、教育部高等学校能源动力类专业教学指导委员会	
15	全国高等学校大学生测绘科技论文竞赛	教育部高等学校测绘类专业教学指导委员会和中国测绘学会联合主办	
16	全国并行应用挑战赛PAC（Parallel Application Challenge）	教育部计算机类专业教学指导委员会、中国计算机学会高性能计算专业委员会（CCF TCHPC）	
17	全国大学生化工安全设计大赛	教育部高等学校化工类专业教学指导委员会	
18	谷雨杯全国大学生可持续建筑设计竞赛（原revit杯）	全国高等学校建筑学专业教学指导分委员会、建筑数字技术教学工作委员会	

续表

	二级竞赛（共68项）		
编号	竞赛名称	组织方背景	备注
19	WUPENiCity 城市设计学生作业国际竞赛和城市可持续调研报告国际竞赛（原中国高等学校城乡规划教育年会课程作业评选）	世界规划教育组织（World Urban Planning Education Network）、联合国教科文组织 iCity 网站（UNESCO-iCity Website）、Guihua 杂志、同济大学	
20	全国商务英语实践大赛	广东外语外贸大学、教育部高等学校英语类专业教学指导分委员会、中国国际贸易学会国际商务英语研究会	
21	全国高等学校建筑设计教案和教学成果评选（限学生作品）	教育部高等学校建筑学专业教学指导分委员会	
22	中国大学生原创动漫大赛	教育部高等学校动画、数字媒体专业教学指导委员会	
23	全国大学生软件测试大赛	教育部软件工程专业教学指导委员会、全国高等院校计算机基础教育研究会、中国计算机学会软件工程专业委员会、中国软件测评机构联盟、中国计算机学会系统软件专业委员会、中国计算机学会容错计算专业委员会	
24	全国高校 EVC 企业价值创造实战竞赛	教育部会计学专业教学指导分委员会	
25	全国安全工程大学生实践与创新作品大赛	教育部安全工程专业教学指导委员会	
26	全国高等学校人工环境学科奖	高等学校建筑环境与能源应用工程学科专业指导委员会	
27	国际用户体验创新大赛	UXPA 中国（用户体验专业协会）、教育部高等学校工业设计专业教学指导分委员会	

二级竞赛（共68项）			
编号	竞赛名称	组织方背景	备注
28	中国人居环境设计学年奖	清华大学、教育部高等学校设计学类专业教学指导委员会	
29	全国大学生制药工程设计竞赛	教育部高等学校药学类专业教学指导委员会	
30	"远华杯"会展技能大赛	教育部高等学校旅游管理类专业教学指导委员会	
31	全国高等学校大学生测绘技能竞赛	高等学校测绘学科教学指导委员会、中国测绘学会测绘教育委员会、国家测绘局职业技能鉴定指导中心	
32	iCAN全国大学生创新创业大赛（原名中国大学生物联网创新创业大赛）	国际iCAN联盟、教育部创新方法教学指导分委员会和全球华人微纳米分子系统学会、中国信息协会	
33	全国虚拟仪器设计大赛	中国仪器仪表学会、教育部高等学校仪器科学与技术教学指导委员会	
34	中国大学生方程式汽车大赛	中国汽车工程学会（SAE-CHINA）	
35	全国大学生数学竞赛	中国数学会	
36	"中金所杯"全国大学生金融知识大赛	中国金融期货交易所和中国期货业协会	
37	"新道杯"大学生会计信息化技能大赛	工业和信息化部人才交流中心	
38	全国大学生物流仿真设计大赛	中国物流生产力促进中心	
39	广东省高等学校大学生工业设计大赛	广东省教育厅、广东省高等学校工业设计教学指导委员会	广东省本科高校大学生学科竞赛项目
40	广东省工科大学生实验综合技能竞赛	广东省教育厅	广东省本科高校大学生学科竞赛项目

续表

二级竞赛（共 68 项）

编号	竞赛名称	组织方背景	备注
41	全国大学生广告艺术大赛广东省分赛	广东省教育厅	广东省本科高校大学生学科竞赛项目
42	全国大学生工程训练综合能力大赛（广东赛区、广东省分赛）（中国大学生工程实践与创新能力大赛广东省选拔赛）	广东省教育厅	广东省本科高校大学生学科竞赛项目
43	全国大学生电子设计竞赛广东赛区（广东省大学生电子设计竞赛）	广东省教育厅	广东省本科高校大学生学科竞赛项目
44	广东省大学生计算机设计大赛	广东省教育厅	广东省本科高校大学生学科竞赛项目
45	广东省大学生生物化学实验技能大赛	广东省教育厅、团省委、广东省科学技术厅、广东省学生联合会	广东省本科高校大学生学科竞赛项目
46	"外研社杯"全国大学生英语系列赛广东赛区/华南赛区选拔赛（英语演讲、英语辩论、英语写作、英语阅读）	广东省教育厅、外语教学与研究出版社、教育部高等学校大学外语教学指导委员会、教育部高等学校英语专业教学指导分委员会	广东省本科高校大学生学科竞赛项目，其上一级竞赛纳入学科竞赛排行榜
47	广东"众创杯"创业创新大赛	广东省人力资源和社会保障厅、广东省科学技术厅、广东省教育厅、广东省财政厅、广东省人民政府港澳事务办公室、广东省人民政府台湾事务办公室、共青团广东省委员会、广东省妇女联合会	
48	南粤古驿道文创大赛	广东省住房城乡和建设厅、广东省教育厅、广东省文化厅、广东省体育局、广东省文化和旅游厅	
49	广东省高校美术作品双年展	广东省教育厅、广东省美术家协会	

续表

二级竞赛（共68项）			
编号	竞赛名称	组织方背景	备注
50	广东省高校设计作品学院奖双年展	广东省教育厅、广东省美术家协会	
51	广东省大学生职业规划大赛	广东省教育厅	
52	广东大学生企业经营模拟沙盘大赛	共青团广东省委员会、广东省教育厅	
53	"省长杯"工业设计大赛	广东省人民政府、广东省经济和信息化委员会	
54	全国大学生机械创新设计大赛（广东赛区）	教育部高等学校机械学科教学指导委员会	
55	全国大学生结构设计竞赛广东省分赛（又称广东省大学生结构设计竞赛暨全国大学生结构设计竞赛广东省选拔赛）	高等学校土木工程学科专业指导委员会、中国土木工程学会、广东省土木建筑学会	
56	全国大学生智能汽车竞赛（华南赛区或相应区域选拔赛）	教育部高等学校自动化专业教学指导分委员会	
57	全国大学生工业设计大赛（广东赛区）	中国教育学会美术教育专业委员会、广东省工业设计协会	
58	"长风杯"全国大学生大数据分析与挖掘竞赛	中国电子学会	
59	"深水杯"全国大学生给排水科技创新大赛	中国城镇供水排水协会科技创新委员会	
60	"北控水务杯"中国"互联网+"生态环境创新创业大赛	中国生态环境产教联盟、北控水务集团、哈尔滨工业大学、同济大学、南京大学、中关村国联绿色产业服务创新联盟、全国高校创新创业投资服务联盟	
61	中国高校计算机大赛——微信小程序应用开发赛	全国高等学校计算机教育研究会	

续表

二级竞赛（共68项）			
编号	竞赛名称	组织方背景	备注
62	全国大学生国土空间规划技能大赛	教育部高校公共管理类学科专业教学指导委员会全国高校土地资源管理院长（系主任）联席会、中国土地学会土地规划分会	
63	中国大学生程序设计竞赛（China Collegiate Programming Contest，简称CCPC）	教育部高等学校计算机类专业教学指导委员会	
64	红帽杯网络安全大赛	广东省计算机信息网络安全协会、广东省公安厅网警总队	
65	广东省"强网杯"网络安全大赛	广东省委网信办、广东省教育厅、广东省科技厅、广东省工业和信息化厅、广东省公安厅、广东省通信管理局、广东省政务服务数据管理局	
66	全国高校经济决策虚仿实验大赛	中国数量经济协会博弈论与实验经济学专业委员会、虚拟仿真实验教学创新联盟文科类工作委员会经管工作组	
67	全国大学生结构设计信息技术大赛	中国土木工程学会教育工作委员会、清华大学土木水利学院	
68	CFA协会投资分析比赛（华南区）	CFA协会	

三 A级（共48项）

编号	竞赛名称	组织方背景	备注
1	中芬挑战100大赛	芬兰革新设计周委员会（芬兰大使馆、芬兰驻沪总领事馆、东华大学SCF学院、芬兰阿尔托大学等单位参与联合主办）	
2	亚洲设计学年奖	亚洲设计学年奖组委会	

续表

三 A 级（共 48 项）

编号	竞赛名称	组织方背景	备注
3	ELITE model look 世界精英模特大赛	精英模特公司（Elite Model Management）	
4	金指环-iC@ ward 全球设计大奖赛	国际室内建筑师与设计师理事会（ICIAD）	
5	"园冶杯"风景园林（毕业作品、论文）国际竞赛	中国建设教育协会、中国花卉园艺与园林绿化行业协会	
6	全国大学生包装结构创新设计大赛	中国包装结构设计竞赛评审委员会（教育部轻工类教学指导委员会包装工程专业指导组）	
7	全国旅游院校服务技能大赛	中国旅游协会旅游教育分会、教育部高等学校高职高专旅游管理类专业教学指导委员会、全国旅游职业教育教学指导委员会	
8	"金蝶杯"全国大学生创业大赛	教育部教育管理信息中心、中国教育信息化理事会	
9	全国高校电子信息类实践创新作品竞赛	中国电子学会	
10	中华全国日语演讲大赛	中国教育国际交流协会、日本经济新闻社、日本华人教授联合会	
11	"中译杯"全国口译大赛	中国翻译协会、高等教育出版社	
12	中国高等学校环境设计学年奖（城市设计、景观、建筑、室内专业毕业设计竞赛）	中国环境设计学年奖组委会	
13	全国大学生网络商务创新应用大赛	中国互联网协会	
14	中国教育机器人大赛	中国自动化学会机器人竞赛工作委员会、中国人工智能学会智能机器人专业委员会	

续表

三 A 级（共 48 项）

编号	竞赛名称	组织方背景	备注
15	"威海杯"全国大学生建筑设计竞赛	中国建筑学会	
16	"21 世纪杯"全国英语演讲比赛	中国日报社（CHINA DAI-LY）	
17	全国高等院校学生"斯维尔杯"BIM-CIM 创新大赛	中国建设教育协会、深圳市斯维尔科技股份有限公司	
18	《英语世界》杯翻译大赛	商务印书馆《英语世界》杂志社	
19	艾景奖	中国建筑文化研究会	
20	全国大学生物联网技术与应用"三创"大赛	中国通信学会、中国电子学会	
21	全国高等院校大学生乡村规划方案竞赛	中国城市规划学会乡村规划与建设学术委员会	
22	数码港粤港青年创业计划（原粤港澳大学生计算机软件应用大赛）	香港数码港、广东软件行业协会	
23	泛珠三角大学生计算机作品赛总决赛	各省计算机学会	
24	iCAN 全国大学生创新创业大赛华南赛区/广东赛区选拔赛	国际 iCAN 联盟、教育部创新方法教学指导分委员会和全球华人微纳米分子系统学会	
25	全国大学生化工设计大赛华南赛区	教育部高等学校化学与化工学科教学指导委员会化学工程与工艺专业教学指导分委员会、全国化工高等教育学会	
26	全国制药工程设计大赛（华南赛区）	教育部药学类专业教学指导委员会	
27	全国大学生软件测试大赛（华南赛区）	教育部软件工程专业教学指导委员会、全国高等院校计算机基础教育研究会、中国	

三 A 级（共48项）			
编号	竞赛名称	组织方背景	备注
		计算机学会软件工程专业委员会、中国软件测评机构联盟、中国计算机学会系统软件专业委员会、中国计算机学会容错计算专业委员会	
28	广东省大学生物流设计大赛	广东省本科高校物流管理与工程类专业教学指导委员会、广东省物流与供应链学会、广东省电子商务协会	
29	广东省"联盟杯"本科高校英语写作大赛	广东省本科高校外语类专业教学指导委员会、广东省本科高校大学英语课程教学指导委员会、中国高校英语写作教学联盟	
30	广东大学生材料创新大赛	广东省材料研究学会，广东省科学技术协会	
31	广东省"合泰杯"单片机设计大赛	广东省机械教学指导委员会	
32	全国大学生数学竞赛（广东赛区）	中国数学会、广东省数学会	
33	广东省大学生物理实验设计大赛	广东省物理学会	
34	广东省大学生模拟法庭竞赛	中山大学法学院、中山大学法学实验教学中心	
35	"筑觉杯"广东省大学生建筑设计竞赛	广东工业大学	
36	"东莞杯"工业设计大赛	广东省东莞市人民政府、中国工业设计协会	
37	中南地区高校土木工程专业"结构力学竞赛"	广东省力学学会、华南理工大学	
38	中国（小谷围）"互联网+交通运输"创新创业大赛	广东省交通运输厅、广州市交通运输局、广州市番禺区人民政府	

续表

三 A 级（共 48 项）

编号	竞赛名称	组织方背景	备注
39	全国大学生 GIS 应用技能大赛	中国地理信息产业协会、中国地理学会、中国地理信息产业协会教育与科普工作委员会、中国地理学会地理教育工作委员会和 GIS 开设的主要高校（武汉大学、南京师范大学、华中师范大学、华东师范大学等）	
40	全国高校绿色计算创新大赛（中国软件开源创新大赛）	中国计算机学会软件工程专业委员会、中国计算机学会系统软件专业委员会、绿色计算产业联盟	
41	人民中国杯日语国际翻译大赛	中国外文局、人民中国杂志社、中国日语教学研究会	
42	中国大学生广告艺术节学院奖	中国广告协会主办	
43	东南·中国建筑新人赛	东南大学建筑学院、东南大学建筑设计研究院有限公司、《建筑学报》	
44	赢在广州暨粤港澳大湾区大学生创业大赛	广州市人力资源和社会保障局	
45	广东省高校经济学综合博弈实验大赛	广东省本科高校经济学类专业教学指导委员会	
46	"外教社·词达人杯"全国高校大学生英语词汇能力大赛	中国外语教材与教法研究中心、上海外语教育出版社	
47	"广州国际轻纺城杯"广东大学生优秀服装设计大赛	广东省服装服饰行业协会、广州国际轻纺城	
48	美国大学生数学建模竞赛（MCM）和交叉学科建模竞赛（ICM）（仅限 O 奖 Outstanding Winner、F 奖 Finalist 和 M 奖 Meritorious Winner）	美国数学及其应用联合会	

三　B级（共32项）

编号	竞赛名称	组织方背景	备注
1	全国高校互联网应用创新大赛	互联网应用创新开放平台联盟	
2	全国高校精英挑战赛商务会奖旅游策划竞赛	中国国际商会商业行业商会、中国国际贸易促进委员会商业行业分会及中国会展经济研究会等机构	
3	全国高校学生钢结构创新竞赛	中国钢结构协会	
4	城市地下空间工程大学生模型设计竞赛	中国岩石力学与工程学会	
5	广东省大学生计算机作品赛	广东省计算机学会	
6	全国大学生房地产策划大赛	中国建设教育协会	
7	"21世纪杯"全国英语演讲比赛（广东赛区）	中国日报社	
8	中国包装创意设计大赛	中国包装联合会	
9	中国之星设计奖	中国包装联合会设计专业委员会	
10	中华全国日语演讲大赛（华南赛区）	中国教育国际交流协会、日本经济新闻社、日本华人教授会	
11	珠三角高校社会工作知识大赛	珠海市社会工作协会、北京师范大学珠海分校等	
12	"中译杯"全国口译大赛（华南/广东赛区）	中国翻译协会、高等教育出版社	
13	"金蝶杯"全国大学生创业大赛广东省决赛	教育部教育管理信息中心、中国教育信息化理事会	
14	广东省高校法学辩论联赛	广东省学生联合会、广东省共青团	
15	广东省CAD图形技能及创新大赛	广东省工程图学会	

续表

三 B 级（共32项）

编号	竞赛名称	组织方背景	备注
16	广东省大学生数字图像图形创作大赛	广东省图像图形学会、广东省科学技术协会（指导）	
17	广东省"高校杯"软件设计竞赛	广东省计算机学会	
18	广东省 Java 程序员竞赛	广东省计算机学会、华南农业大学信息学院	
19	广东省高校"律政之星"法律人风采大赛	广东省学生联合会、共青团中山大学委员会	
20	广州大学城校际实验技能邀请赛	华南理工大学、广东工业大学、广州大学轮流主办	
21	三校建筑设计快题竞赛	华南理工大学、广州大学、广东工业大学三所高校建筑院系轮流举办	
22	广州地区大学生日语演讲比赛	广东外语外贸大学、日本驻广州总领事馆、广州日本商工会	
23	外教社杯全国大学生跨文化能力大赛	上海外国语大学（上海外语教育出版社）	
24	"华炬杯"粤东西北创新创业大赛	广东省科学技术厅、清远高新区管委会、清远市科学技术局、广东省科技企业孵化器协会、华炬国家级孵化器、华大国家级孵化器、华园研究院	
25	生肖首饰设计大赛	奥林匹克博览会组委会、TTF 深圳大凡珠宝首饰有限公司	
26	全国大学生绿色校园概念设计大赛	中国绿色建筑与节能专业委员会绿色校园学组、同济大学、建筑学专业教学指导分委员会、城乡规划专业教学指导分委员会、风景园林专业教学指导分委员会、苏州大学金螳螂建筑学院	

三 B 级（共 32 项）

编号	竞赛名称	组织方背景	备注
27	全国大学生土地国情调查大赛	教育部公共管理类教学指导委员会、中国土地学会	
28	全国无人机创新技能大赛	中国光学工程学会、中国无人机产业创新联盟、北京日星宇软件有限公司、北京航空航天大学、北京通用航空产业基地管理委员会、贵州省教育厅	
29	粤港澳大湾区新能源动力艇挑战赛	国家体育总局水上运动管理中心	
30	"汉帛奖"中国国际青年设计师时装作品大赛	中国服装设计师协会和汉帛国际集团共同主办	
31	中国（大朗）毛织服装设计大赛	中国毛纺织行业协会	
32	虎门杯国际青年设计（女装）大赛/童装大赛	广东省服装服饰行业协会、广东省服装设计师协会和虎门镇政府联合主办	

资料来源：《广东工业大学大学生竞赛级别细则》，广东工业大学教务处网站，https://jwc.gdut.edu.cn/info/1251/3894.htm。

第二节　新工科创新创业竞赛训练相关理论

从某种意义上说，高校的创新创业竞赛训练是响应"大众创业、万众创新"的群众性创新实践活动，同时与素质教育紧密关联，作为引导大学生培育创新意识和提升大学生实践能力的有效环节，在高校拔尖创新人才培养中发挥着关键作用。近年来，基于"新工科"教育理念的育人反思在理工科高校中兴起，相关高校纷纷立足自身创新资源禀赋及基础，联动创新主体与创新环境等方面，探索提增工科育人体系的系统效能，着力打造具有中国特色的工科教育学科体系，[①] 培养具有工程实践能力、创新创业意识及跨界整合能力的新工科创新创业人才，而创新创业竞赛训练是高等工程教育改革中不可或缺的实践育人模式，已成为我国理工科高校学生开展专业创新及工程实践的基础平台。换言之，新工科创新创业人才是满足新兴产业及新经济需要的核心要素，高校新工科创新创业竞赛训练则是新工科创新创业人才培养的主要载体。

故而，涉及新工科创新创业竞赛训练的教育改革方面研究，其立论背景是新时代我国经济社会追求高质量发展，其立论缘起往往是新技术、新业态及传统企业转型升级与新专业建设、新人才培育的关系问题。基于这样的基本背景及问题，新工科创新创业竞赛训练相关理论所构筑的学理脉络是，以"新工科人才""新工科教育"等核心概念为逻辑起点，把学生创新主体特点（如认知特点等）、新工科专业特点引入研究当中，与高校创新生态特点交互形成一个多源流理论架构（见图1-3）。

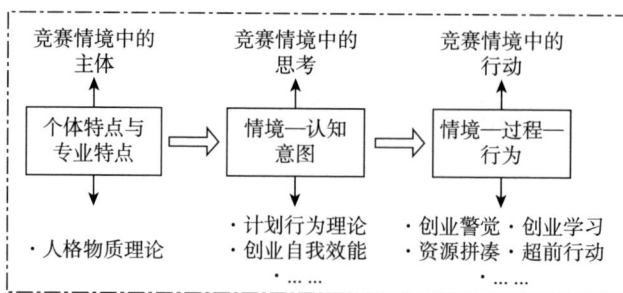

图1-3　相关理论资源

---

① 林健：《引领高等教育改革的新工科建设》，《中国高等教育》2017年第Z2期。

本节旨在结合新工科及高校创新创业竞赛研究的经典文献及前沿成果，明晰创新创业竞赛训练融入新工科创新创业人才培养过程的内在逻辑，为新工科创新创业竞赛体系的设计及管理实践提供理论方法和分析工具。

一 个体特点与专业特点

工科大学生对数学类、机械类及工程类等基础学科知识的理解较为深刻，在长期的学习、思考过程中形成了缜密的逻辑思考能力和较强的发明创造能力等鲜明特质，在发明创造、实际操作、科学实验和数据测算等方面工作有独特优势。[①] 随着我国新工科建设的有序推进，理工科大学的专业设置及育人目标更是充分面向科技发展、产业发展及社会发展，以科创竞赛为代表的各类体验式教育实践受到理工科大学的重视与推广，在实践导向的创新创业教育加持下，工科大学生的知识、能力及素质较大程度得以集成发展，个人的创新能力、合作能力与可持续发展能力得到提升。[②]

不过需要指出的是，并非所有工科大学生都可能成为创新创业者，仅仅是从理论上而言，该群体应该是创新创业（尤其是技术创业）的主力军。因此，理论界重视结合个体特点与专业特点，从个体特质角度来讨论理工科院校如何在创新创业教育中培育学生的创新创业型人格特质。关于人格特质理论的研究较早始

---

① 张小钢、李志义：《工科大学生创造力结构模型及提升研究》，《天津师范大学学报》（社会科学版）2023 年第 4 期。

② 秦静怡、李华、陈秀等：《新工科与创新创业教育融合的模型研究——基于扎根理论的 80 所高校样本分析》，《中国高校科技》2022 年第 8 期。

于 20 世纪 40 年代，美国心理学家奥尔波特在《人格：心理学的解释》一书中指出，人格特质是基于个体的生理基础所发展出的某些性格特征，其中人格是决定个体适应环境变化的心理组织结构，特质是衡量适应环境过程中某些特殊习惯逐渐形成的结果。人格特质通常会影响个体的行为决策。[①]

二　情境—认知—意图

创新创业竞赛训练情境下工科大学生创新创业意图研究可以让我们更好地理解工科大学生创新创业动机、心理特点和行为习惯，是创新创业竞赛训练如何影响工科大学生创新创业行为的重要逻辑起点，相关议题包括但不限于有无参加科创竞赛的学生是否存在创新创业动机的显著差异，科创竞赛情境下影响工科大学生创新创业行为决策的因素，科创竞赛作用于工科大学生创新创业行为的内在机制，等等。

（一）行为意图是对实际行为的有效预测和必要前提

Ajzen 在多属性态度理论、理性行为理论等基础上提出了计划行为理论（Theory of Planned Behavior）。该理论认为个体的行为受其自身意愿和对行为的复杂性、可控性感知的影响，并受到行为态度、主观规范和知觉行为控制的影响。[②] 个体对某种特定行为的态度越积极，所处环境对该行为的支持就越大，知觉行为控制越强时，其行为意图就越强烈。计划行为理论经过不断发展

---

① 梅强、顾加慧、徐占东：《创业警觉性在社会网络与大学生创业意向间的中介作用——人格特质的调节》，《技术经济》2020 年第 3 期。

② Ajzen I., *From Intentions to Actions：A Theory of Planned Behavior*, Heidelberg：Springer, 1985：11-39.

及完善，被广泛应用于创业研究中，Linán 等提出了创业意图影响因素模型，认为个体采取创业行为的意图受到创业行为态度、主观规范和知觉行为控制三个维度的共同影响。①

（二）创业自我效能是创业意图和行为的重要驱动力

基于 Bandura 的自我效能理论，Boyd 和 Vozikis 在创业意愿研究中引进了"创业自我效能"概念。② 现有研究通常认为，创业自我效能是指个体对从事创业活动所需技能及知识的信心以及相应的行为能力，其实现方式包括积累经验、设定目标及追求并以之调控创业行为等。③ 目前主要从个体的市场掌控能力、创新能力、管理能力、风险承受能力和财务控制能力五大维度对创业自我效能进行测量；④ 也有学者从创业机会搜索、创业计划、资源调配、人员管理、财务管理等方面观测个体的创业自我效能⑤。个体的个体创新及其他创造力行为，与自我效能息息相关，个体越相信自己具有创业成功所需的能力及资源禀赋等，就越有可能

---

① Linán F., Chen Y. W., "Development and Cross-cultural Application of a Specific Instrument to Measure Entrepreneurial Intentions," *Entrepreneurship Theory and Practice*, 2009 (3): 593-617.

② Boyd N. G., Vozikis G. S., "The Influence of Self-efficacy on the Development of Entrepreneurial Intentions and Actions," *Entrepreneurship Theory and Practice*, 1994, 18 (4): 63-77.

③ Chen C. C., Greene P. G., Crick A., "Does Entrepreneurial Self-Efficacy Distinguish Entrepreneurs from Managers?" *Journal of Business Venturing*, 1998, 13 (4): 295-316; Edwards J., Milca M. P., D′Alessandro S., et al., "Linking B2B Sales Performance to Entrepreneurial Self-efficacy, Entrepreneurial Selling Actions," *Journal of Business Research*, 2022, 142: 585-593.

④ Chen C. C., Greene P. G., Crick A., "Does Entrepreneurial Self-efficacy Distinguish Entrepreneurs from Managers?" *Journal of Business Venturing*, 1998, 13 (4): 295-316.

⑤ Zhao H., Seibert S., Hills G., "The Mediating Role of Self-efficacy in the Development of Entrepreneurial Intentions," *Journal of Applied Psychology*, 2005, 90 (6): 1265-1272.

采取行动并持续发展。那么，如果工科大学生身处鼓励创业、支持创业的创新创业竞赛训练情境中，他们就会更容易表现出高水平的创业自我效能，具有更强的创新信心。

显然，计划行为理论、创业自我效能是适用于新工科创新创业竞赛训练情境下，科学分析工科大学生创新创业意图的重要理论资源。

三　情境—过程—行为

创新创业竞赛训练涉及一系列的实践活动，如市场调研、产品设计与制作、商业模式设计、投融资路演等，此类活动的过程性学习，影响工科大学生创新创业思维及实践能力等方面的塑造。

挖掘、分析工科大学生在创新创业竞赛训练中的行为现象，能够与主流创业研究相关重要概念产生关联，增益创业管理及创业教育交叉领域的理论知识。比如，在工科大学生与创新创业机会结合层面，应当关切创新创业竞赛情境下的工科大学生创业警觉、认知灵活性、直观判断等，分析工科大学生如何通过创新创业竞赛来训练机会开发能力，总结特定情境影响下工科大学生更快速且更高效地发现机会、开发机会的过程模式；在工科大学生与商业模式结合层面，应当重视学生在比赛过程中产生的资源拼凑、即兴而作、创业学习及超前行动等表现，从竞赛情境角度分析工科大学生作为"创新创业者"，如何在追求比赛结果的过程中改变行动策略以获取竞赛优势；在创新创业机会与商业模式结合层面，总结不同创新创业机会所对应的商业模式设计，探究异质性过程学习路径所产生的差异化学习效益等较深层次问题。

第三节　高校创新创业生态系统的治理模式

新工科创新创业竞赛训练作为高校育人体系设计中的重要组成部分，其育人功能的发挥，需要依托在一个可持续价值共创的高校创新创业生态系统。高校创新创业生态系统是推动情境、组织等元素嵌入人才培育与创新价值创造过程的有效结构，如何提高其治理水平，既是加快创新创业人才培养及释放高校创新势能的核心问题，[①] 也是一个关于促进新工科创新创业竞赛训练高质量发展的外部条件问题。

本节通过将组织治理作为切入视点，围绕我国高校创新创业生态系统治理在建构意义、组织机构、系统运转等方面面临的困境，采用单案例分析方法，以国内创新创业典型经验高校广东工业大学为例，基于质性数据编码分析，探索高校创新创业生态系统的治理体系，为促进其成为真正的可持续价值共创系统提供参考。

一　相关文献综述

（一）高校创新创业生态系统的基本特性

赵笑雨等认为对我国高校创新创业生态系统的认知，首先应

---

① 李韵捷、梁静鑫、王明亮：《价值共创导向的高校创新创业生态系统治理》，《科技管理研究》2023 年第 8 期。

理解我国创新创业教育的概念及其内涵，并以整体视角看待创业教育系统，最后结合环境因素进行系统性审视。① 源自美国斯坦福大学的"创业教育"一词，其原初定义是培养学生从事商业活动的综合能力的人才培养，使学生从单纯的求职者变为职业岗位的创造者。② 在西方语境，创业教育主要聚焦经济领域，并凸显商业价值的创造。然而，基于"知行合一"哲学理念的向导和国内高校对人才素质培养的定位，我国教育界大体认为创业行为足以覆盖经济、政治和文化领域，而这些领域创意理念及商业价值的开发创造均离不开创新的元素。③ 也即是说，结合本国的语境，我国教育界习惯将从国外舶来的创业教育称为"创新创业教育"。更进一步，考虑到我国高校创业教育在服务面向上凸显鲜明的社会属性，内部人才培养要素与外部环境之间还形成具有能量流动、信息互置、价值共创、物质循环功能的互动关系，高校创新创业教育被视为具备社会生态系统特征的有机整体。④

具体的，基于宏观、中观和微观层次的区分，高校创新创业生态系统一般拥有如下几个特性。

一是系统情境意义建构性。从宏观角度看，高校创新创业生态系统总是嵌在复杂、动态情境中，浸没于创业氛围、政策供

① 赵笑雨、周颖玉、刘海鸥：《国内外高校众创空间生态系统模型：基于多案例的扎根研究》，《科技管理研究》2022 年第 13 期。

② 施冠群、刘林青、陈晓霞：《创新创业教育与创业型大学的创业网络构建——以斯坦福大学为例》，《外国教育研究》2009 年第 6 期。

③ 王志强、郭宇：《"追求成功"还是"追求幸福"：对创新创业教育目的的伦理审思》，《教育发展研究》2022 年第 1 期。

④ 陈元媛：《基于生态系统理论的高校创新创业教育研究》，《学校党建与思想教育》2021 年第 14 期。

给、创新集群、校企关系等高校内外部环境因素中，如高校特色创业理念（学术创业、师生共创等）和文化氛围、各级政府出台的创新创业政策制度、区域市场经济及产业布局情况等。① 故此，高校创新创业生态系统始终发生着洞察情境的持续性过程（即意义建构的过程），响应社会需要什么，判断可能如何满足，依托系统情境层的与时俱进，发挥系统的"新陈代谢"功能，促进系统的迭代发展。

二是组织机构生态性。从中观角度看，国内外高校大多配置成体系的组织机构，赋予相关机构不同职能以高效、科学地推进创新创业生态系统的构建。正是得益于科学的组织架构、协同的配合制度和完善的组织管理者队伍，系统内外部资源要素和行动主体才能彼此依赖与相互作用。②

三是系统运转自我维持性。可以从两个维度来理解，其一是资源能力累积。高校创新创业生态系统内不同院系掌握着一些异质性资源要素和资源能力，这些要素和能力在流动过程中相互关联或制约，形成相对稳定的分布态势，构成复杂系统可自适应的整体结构，进而在面对系统环境层变动或系统内部冲突时，高校可自发调动丰富的要素和能力来进行自我维持以复返稳定。③ 其二是行动主体竞合。高校创新创业生态系统中同质行动主体，一方面围绕共同利益或集体信念达成合作④，另一方面因追逐有限

---

① 刘巧芝、杨涵：《共生与演化：高校创业教育生态系统的建构与演进机理》，《教育与职业》2019 年第 21 期。

② 成希、李世勇：《大学创新创业教育生态系统的指标构建与权重分析》，《大学教育科学》2020 年第 1 期。

③ 黄兆信、王志强：《高校创业教育生态系统构建路径研究》，《教育研究》2017 年第 4 期。

④ 陈静：《构建高校创业教育生态系统的若干思考》，《思想理论教育》2017 年第 6 期。

的资源或新机会等而产生竞争①。事实上，从积极角度看待生态系统的共生性和竞争性，竞合逻辑在某种程度上也是驱动系统自我发展的逻辑。

根据上述讨论，再结合被学界广泛应用在创业管理学分析中的创业人才、创业机会和创业资源三要素创业过程模型，高校创新创业生态系统本质上也是创业人才、创业机会和创业资源三要素的功能集成，创业人才可在学校场域内培育、成长，创业机会与资源则可以通过参与教育活动的多元利益相关者共同发现或创造。

（二）高校创新创业生态系统的治理困境

Maritz 等②、Mckeon③指出，归根结底，高校创新创业生态系统是培育创新人才与释放创新潜力过程中诸多因素关联交织、利益相关者紧密互动的社会生态系统。相较于一般的生态系统，其本质既需要反映系统生态化，还要体现创新人才培育特质、经济活动特质④，所呈现的系统情境意义建构性、组织机构生态性、系统运转自我维持性等特性，使得系统治理面临复杂挑战，较为突出地反映在如下三大方面。

第一，建构意义受到动态情境影响且仰赖于人的主观判断，使得创新创业系统内隐着不确定性。比如，一些高校管理者在绩

---

① 刘文杰：《我国高校创业生态系统的现实困境及其超越》，《高校教育管理》2020 年第 5 期。

② Maritz A., Jones C., Shwetzer C., "The Status of Entrepreneurship Education in Australian Universities," *Education + Training*, 2015, 57（8-9）: 1020-1035.

③ Mckeon T. K., "A College's Role in Developing and Supporting an Entrepreneurial Ecosystem," *Journal of Higher Education Outreach and Engagement*, 2013, 17（3）: 85-89.

④ 何郁冰、丁佳敏：《创业型大学如何构建创业教育生态系统?》，《科学学研究》2015 年第 7 期。

效导向的评价压力下，过度认知与理解各种社会情势，喜好"短平快"的方式催熟某一合宜时势的创新创业项目成果①，容易导致创新人才培育理念漂移、行动主体压力倍增等问题。又如，大多高校缺乏创新创业战略管理需求的顶层设计，系统内行动主体倾向于"运动式"的治理方式。以企业行动者为例，企业与高校孵化创新创业项目存在回报不确定性风险，加上高校未能在顶层设计上设置利益主张与价值主张，一些所谓校企共建共益的创新创业实训项目主要源于校企高层人员的私交关系而设立，因而双方真正投入的资本、精力等相对有限②，对项目运转采取"运动式"治理，陷入长效治理缺位的困境。

第二，组织机构的设置与调整趋于生态化，却也增加更多组织结构区隔。从校内组织机构来看，为适应创新创业生态系统的构建与运转，我国高校重视引导学生处、团委、学生会、教务处、科技处、人事处和校内各二级学院等参与创新创业生态系统构建，通过构建专职岗位、临时工作小组等，推进组织机构的精细化设置和管理。但大部分高校组织机构设置遵循科层制逻辑，注重工具主义、行政导向和分块管理。③ 在推进创新创业活动的工作流程上，相关工作围绕多中心的职权体系而开展；在推进创新创业活动的工作旨归上，相关行动主体以完成自己上一层级领导发布的工作任务为目标。理论上而言，这种组织机构设置至少

---

①　陈卓武、林逢春、梁静鑫等：《文化资本视域下海外华侨华人高层次人才参与高校创新创业教育的现状及对策——以 G 大学为例》，《科技管理研究》2022 年第 5 期。

②　梁静鑫、祁明德、刁衍斌等：《"产学创"：新工科人才培养工程实践系统的优化机制》，《系统科学学报》2022 年第 2 期。

③　王志强：《从"科层结构"走向"平台组织"：高校创新创业教育的组织变革》，《中国高教研究》2022 年第 4 期。

存在两项治理难题。首先，各部门、各院系的行动者因未获得领导许可或缺乏业务衔接等，在组织生态链条上产生区隔，增大创新创业知识的协同创造和创新扩散难度。[①] 其次，难以提供有利条件刺激行动者启动激情、信念和共同愿景等来参与创新创业活动，较难推动相关行动者达成创造性合作。[②]

第三，系统运转过程中存在创新资源生态位的叠合，如何对生态链条上创新资源生态位进行竞争"矫正"，成为创新创业生态系统治理的一项挑战。所谓生态位，是指特定时空条件下系统内的生物单元占据的位置、能量，以及生物单元适应系统环境的角色担当、生存策略。有研究指出，高校创新创业生态系统容易发生实践资源生态位竞争、学科资源生态位竞争、教育师资生态位竞争等[③]，陷入组织机构协同失效、平台协同失效等多重之困。换言之，资源互动问题、利益协调问题是高校创新创业生态系统治理的焦点。

综上，高校创新创业生态系统的基本特性体现了创新创业生态系统是推动情境、组织等元素嵌入人才培育与创新价值创造过程的有效结构，然而这些基本特性也造就了一系列的治理挑战。故此，需要基于创新创业生态系统基本特性以及主要存在的治理困境，探索高校创新创业生态系统的治理体系，以期让高校创新创业生态系统可以成为真正的可持续价值共创系统（见图1-4）。

---

① 徐小洲：《转型升级期高校创新创业教育生态系统建构策略》，《教育发展研究》2019年第Z1期。

② 丁月华、张明丽：《高校创新创业教育体系的整体性治理》，《思想理论教育》2022年第2期。

③ 张超、张育广：《高校创新创业教育生态系统运行策略研究——基于生态位理论视角》，《实验室研究与探索》2019年第1期。

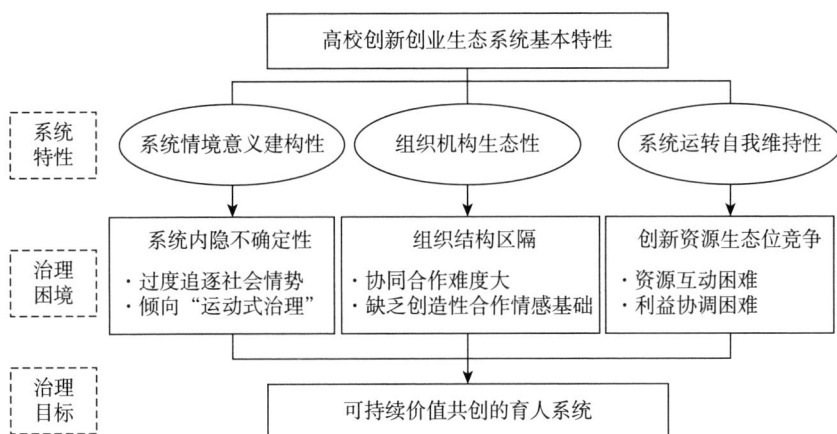

图 1-4　高校创新创业生态系统的治理困境

二　研究设计

本研究关注高校创新创业生态系统治理体系的构建，涉及的关键问题包括谁是治理主体、哪些是主要治理要素、哪些是重要治理机制等。为了推进研究问题聚敛及增进研究结论坚实程度，将组织治理作为切入视点，使用组织生态学理论对创新创业生态系统治理现象进行阐释，主张创新创业生态系统的治理应当放置在组织关系和行动逻辑中加以讨论；同时，发挥单案例研究方法较为强大的探索功能、较为详尽的描述功能，通过目的性案例遴选和全面性质性数据收集，为回答研究问题提供支撑和保障。

（一）研究视角与方法

第一，组织生态学理论与高校创新创业生态系统治理的逻辑关联。组织生态学（organizational ecology）是以组织种群、生态学等为基础的科学，主要阐释了组织发展、组织间关系、组织与环境间关系。该理论认为组织是制度环境、技术环境共同影响下的产物，① 并在生态位宽度、生态环境适应度之间取得平衡②，组织要素产生各类适应性反应和演化能力，最终塑造生态系统的自洽性、共生性、溢出性③。该理论提供了层级鲜明的研究分析单元，即组织个体组合为组织种群，组织种群形成了组织群落，组织群落构成了组织生态系统，也指出组织生态与环境的关系特征，即组织生态对制度环境、技术环境有双重依赖。从组织生态学视角看，可以将高校创新创业生态系统视为一个耦合的组织网络体系，更具体而言，即是一系列利益相关的组织及其关联要素、关联驱动力、生态位等的有机整体。但由于大部分高校仅针对创新创业生态系统中创新知识要素、平台要素等开展松散的碎片化治理，忽视了以组织作为治理载体，缺乏以组织层次为抓手对系统进行整体性把握，未能构建具有系统思维基因的治理体系，从而容易引致重复治理或形成治理盲区，最终挫损治理合力。因此，组织生态学理论为本研究提供了理论参鉴，通过组织生态视角探索高校创新创业生态系统的治理层次及治理机制，对于实现高校创新创业生态系统的可持续健康发展更具理论价值与实践意义。根据 Baum 等④和段杰等⑤的研究，高校创新创业生态系统治理体系的分析单位如表 1-4 所示。

---

① 易烨、丁明军：《组织生态学视角下本科层次职业教育发展的风险因素与消弭之策》，《职教论坛》2021 年第 10 期。

② Freeman J., Carroll G. R., Hannan M. T., "The Liability of Newness: Age Dependence in Organizational Death Rates," *American Sociological Review*, 1983: 692-710.

③ 孙金云、李涛：《创业生态圈研究：基于共演理论和组织生态理论的视角》，《外国经济与管理》2016 年第 12 期。

④ Baum J. A. C., Mezias S. J., "Localized Competition and Organizational Failure in the Manhattan Hotel Industry, 1898-1990," *Administrative Science Quarterly*, 1992: 580-604.

⑤ 段杰、龙瑚：《基于组织生态视角的创意产业集群形成机制研究》，《南京审计大学学报》2017 年第 5 期。

表 1-4 组织生态视角下高校创新创业生态系统治理体系的
分析单位及其对应内涵

分析单位	对应内涵
个体	即组织个体，如学生社团、教师科研团队、投融资机构等
种群	具有相似资源和能力的组织个体的组织集合
群落	不同组织集合相互适应、相互作用而形成组织集合体
生态系统	组织集合体与环境相互作用形成的统一体
生态位	组织基于自身资源禀赋在所处环境中与其他组织所形成的相对位置

资料来源：课题组整理。

第二，单案例研究方法的适切性分析。相较于区域创新生态系统治理、商业生态系统治理等研究，高校创新创业生态系统治理属于一个教育场域下创新生态治理和教育生态治理的新问题，目前相关研究尚显薄弱，适合采用探索性单案例研究方法。一方面，根据 Yin 的观点，通过案例研究法可以有效回应如何构建高校创新创业生态系统治理体系这类"How"型问题；[1] 另一方面，通过对具有启发性的案例进行单案例解析，可以对现象及其背后的过程机制进行"深描"（thick description）[2]。

（二）案例选择与介绍

本研究以广东工业大学构建创新创业生态系统治理体系为例。广东工业大学（以下简称"学校"）是一所具有工科特色优势、产业融合基础的高校，以鲜明、浓郁的校园创新氛围而著称。学校重视校院协同的各类创新创业人才培育组织、校内外高

---

[1] Yin R. K., *Case Study Research: Design and Methods*, 3rd ed. New York: Sage Publications, 2003.

[2] 李亮、刘洋、冯永春编著《管理案例研究：方法与应用》，北京大学出版社，2020。

层次师资队伍、体验式课程实践体系、港澳创新创业孵化平台（基地）、政企合作制度、创业文化建设制度等要素，以及高校和地方、产业耦合发展的内在逻辑，形成创新创业生态系统长效治理的丰富经验，确保了依托可持续价值共创系统，为国家经济社会发展、粤港澳大湾区建设需要而输送创新型人才。学校是广东省高校中最早同时拥有全国首批深化创新创业教育改革示范高校、首批全国创新创业典型经验高校、全国大学生创业示范园等国家层面创新创业荣誉称号的高校，创新创业已成为学校的一张闪亮"名片"。可见，选取广东工业大学作为个案，基本符合启发性和代表性的要求。

（三）资料收集与整理

本研究质性数据的收集时间和渠道，一是笔者所在研究团队（以下简称"研究团队"）分别在 2020 年 1~7 月、2022 年 3 月对广东工业大学走访调研，针对学校负责校政企创新合作、创新创业竞赛的 5 名主要管理者开展半结构式访谈，与 17 名二级学院的一线教师、就业创业工作指导老师开展两轮小组座谈，访谈提纲主要涉及生态组织构成、生态资源配置治理、系统环境治理、创新人才培育成效及难题等。二是研究团队在 2021 年 1~3 月、2022 年 4 月进行两轮补充调查，进一步获取翔实的二手资料。二手资料包括直接从广东工业大学获得内部文件、年度工作总结、会议记录、创新创业相关主题教职工征文材料等；从《人民日报》《光明日报》《南方日报》《文汇报》《澳门日报》等媒体渠道获得涉及广东工业大学构建与治理创新创业生态系统的报道、评论性资料；检索中国知网 CSSCI 数据库中与广东工业大学创新创业生态系统相关的文献，经过人工阅读和筛选，获取 49 篇研究资料，同样作为本研究证据来源，更好地形成案例资料的三角验证，提高研究的解释力与准确度。

经过研究团队的严谨筛查，最终与本研究话题关联度较高的案例资料逾 8.7 万字，其中访谈资料将近 2.7 万字。对案例资料的质性数据进行归纳式编码，通过交叉编码、反复比对与研讨，以及其间为了进一步印证访谈内容、了解相关文件释义，由笔者分别通过电话、微信等形式联系受访者，把获得的信息作为辅助资料，补充已有的研究资料，不断精练、确证本研究发现。

三　研究发现与讨论

（一）构建治理体系的主导主体分析

高校是拥有一定自治权的各类团体组成的社会，高校管理者、教师与学生是高校管理场域最为关键的行动主体和权利持有者，基本构成了"学校管理权—教师教学权—学生学习权"的权利框架[①]，特别是高校管理者具有把控、权衡教育活动与宏观规制、社会经济嵌入程度的权能，自然地也成为主导各类管理决策的核心主体。在高校场域中的创新创业生态系统治理行为，本质上属于内部管理活动，因而构建创新创业生态系统治理体系的主导主体一般是高校管理者。从广东工业大学构建治理体系的案例看，学校管理者善于发挥评价"指挥棒"及其风向标作用，制定创新创业学分认定方案、竞赛加分激励措施、教师业绩成果认定办法等，为创新创业生态系统治理提供根源性制度支撑，同样确

[①]　郭璨：《在线教学时代本科教学管理制度重构：何以必要与可能》，《国家教育行政学院学报》2020 年第 9 期。

证了这一点。

（二）基于质性数据编码的要素与机制分析

组织生态系统指的是组织群落及其所处环境不断进行资源与能量互动而形成的统一整体。[①]编码结果显示（见表 1-5），广东工业大学创新创业生态系统治理体系包括如下组织层次及要素：高校内部主要组织种群（创新创业教育工作领导机构、教学组织、学生机构与社团）和高校外部主要组织种群（政府、行业协会（联盟）、新型研发机构、其他院校、商业化组织、媒体）构成的组织群落，技术环境要素（专家、知识、校友、平台、资金、技术、文化）和制度环境要素（市场环境、政策环境、社会规范）构成的生态系统环境要素。不同组织间、不同组织与生态系统环境间存在共栖型和融合型组织种群关系，一般情况下，创新创业生态系统治理体系应当构建契约机制、考核机制、错位发展机制、利益关联机制、情感传递机制等治理机制。

表 1-5　构建要素与机制的编码结果

聚合维度	二阶编码	一阶编码	代表性引文内容
组织群落	高校内部主要组织种群	创新创业教育工作领导机构	"2014 年学校进行了机构设置的调整，成立创新创业学院、创客学院。而学校其他学院，在学校统一认定了一些创新创业指导老师后，部分老师在学院层面设置有创新创业教育工作的领导小组。"
		教学组织	"学校很重视创新创业，成立了相关的教学团队。师资方面，各学院有科研教师、企业研发和市场导师、校友导师、国际特聘导师。课程研发成效方面，教学团队出版了《创新创业基础》《创业学什么：人生方向设计、思维与方法论》等教材，还积极动员开展课改项目研究。"

---

① 高展明、郭东强：《澳门中小企业知识管理模式构建及仿真研究——基于组织生态视角》，《经济管理》2015 年第 4 期。

续表

聚合维度	二阶编码	一阶编码	代表性引文内容
组织群落	高校外部主要组织种群	学生机构与社团	"学生创业俱乐部、青年创新创业协会、MBA创投俱乐部、创新创业服务中心、未来管理者协会等学生组织和创新创业实践相关。"
		政府	"番禺区政府领导走访考察我们学校，和学校在大学城中关村青创汇打造'广州大学城科技成果转化基地'，助力番禺区更好地转化大学城创新资源。"
		行业协会（联盟）	"在创新创业成果转化上，我们和全国大学生创新创业实践联盟、广东省电路板行业协会、深圳市线路板行业协会等有很多交流、合作。"
		新型研发机构	"各地研究院是我们学校创新创业生态系统的重要参与者，目前学校在佛山市、东莞市、惠州市、汕头市等地建立有12个创新平台。"
		其他院校	"和其他院校合作也很多，在2015年我们和香港科技大学联合承办了第十四届'挑战杯'大赛；2021年和岭南大学签订合作（协议）、2022年和澳门城市大学签订合作（协议），拟开发联合课程、联合项目研究。"
		商业化组织	"我举个例子，2021年在阳江开展一些碳中和主题的项目，与（阳江市）高新投资开发有限公司，还有就是粤电（集团）、南方电网等公司，达成了开展学生创新创业实践训练方面的合作。"
		媒体	"《人民日报》、《光明日报》、新华网、《南方日报》等主流媒体都报道过（学校）创新创业的典型做法和成效，为构建创新创业生态赢得了良好的社会声誉。"
组织种群关系	共栖型关系	种群共栖型关系	"校内跨部门的创新创业工作是一体化推进的，育人育才'这盘棋'，各组织协调资源，互相支持，互相受益。"
	融合型关系	种群融合型关系	"一个重要的做法是，让其他社会组织更好地融合为一股力量，支持推动我校的创新创业与产业企业、大湾区建设的融合。"
生态系统环境要素	技术环境要素	专家要素	"近年来，学校引进了500多名高层次人才，这些'大牛'全部都走上课堂为本科生授课，言传身教地熏陶学生热爱专业、热爱创新。"
		知识要素	"（广东工业大学）设置项目驱动型实践必修课程，让学生'干中学'，培养了学生的创新创业能力与思维……面向广大师生，开办就业创业骨干导师、创新创业项目指导老师和相关项目负责人培训班，讲授创业项目评估、创业团队组建、商业模式优化等知识。"

续表

聚合维度	二阶编码	一阶编码	代表性引文内容
生态系统环境要素	技术环境要素	校友要素	"学校聘请了一批校友成为就业创业指导讲师团。2022 年校友总会拟支持、指导举办第一届校友创业大赛。"
		平台要素	"比如，2015 年管理学院成立'创梦空间'，2019 年数学与统计学院成立'创新创业工作室'。"
		资金要素	"学校对创新创业的资金支持力度很大。如果创新创业团队在重要赛事获奖，指导老师和学生团队均会获得资金奖励。项目在前期打磨过程中，还会提供专门的鼓励资金，支持学生团队推进项目发展。"
		技术要素	"学校工科优势明显，很多学生的创新创业项目和任教老师的硬核技术一拍即合，进而升级为师生共创项目，前沿技术的加持，项目发展的前景更好。就算项目失败，学生在这个过程中也学到不少专业知识。"
		文化要素	"'走访广工大创业者'品牌活动、《创者》刊物，还有校内'创'字磐石、'挑战林'绿化带命名等，都体现了学校无处不在的创新创业文化氛围。"
	制度环境要素	市场环境要素	"我们课程的理论内容具有面向产业、行业的科技创新视野，对于课程实践设计，也要求结合现在市场需求。"
		政策环境要素	"这些年'脱贫攻坚''乡村振兴''粤港澳大湾区'系列国家战略、政策的推行，推动了学校创业教育与实践的发展。现在很多学生结合政策背景，撰写了一些创新创业计划，主动参加'互联网+'创业大赛青红赛道。"
		社会规范要素	"创新创业也需要依托思政导向引领立德树人的正确方向，所以学校教研团队很强调创新创业要跟国家的思政教育相结合、跟工程伦理教育相结合。"
治理机制	契约机制	上下级契约	"在入职合同上，会有一些领导对我参与创新创业活动，甚至是治理决策的期待。"
		合作伙伴契约	"契约约束是管控我们（学校和各种合作伙伴）合作领域、合作目标的重要工具。"
	考核机制	刚性评价	"各个学院创新创业成效，一定程度上会影响相关工作分管领导、老师的考核评价。"
		柔性评价	"作为一名教师，我的职业道德要求我要教给学生有用的创新知识，如果学生有需要，我都乐意帮他们找我有创业的朋友，推荐给他们认识。"

聚合维度	二阶编码	一阶编码	代表性引文内容
治理机制	错位发展机制	学科特色化教育	"艺术设计学院有自己的特色，自动化学院有自己的特色，土木有土木的特色，管理有管理的特色，鼓励结合各自学科特色开展创新创业活动。"
		跨层级协作化制度	"重大议程的推进，就不是学院层面可以完成的了，需要学校、学院等不同层级搭建纵向联合网络，和外部的合作机构进行交流。"
	利益关联机制	资源互置	"学校和澳门城市大学签署了创新创业人才培养合作协议，联合开展各类学生创新创业交流、培训、竞赛活动，未来还将探索研究生联合培养、教师互访。"
		战略赋能	"通过联合中科招商、赛富合银等社会资金，共同设立了有限合伙制创业投资基金……和工商银行、华夏银行等合作，以项目推荐制形式寻找融资租赁支持。"
		利益拓展	"取得任何一项创新创业成绩，对教师、学生团队、组织协调的部门、合作伙伴等的物质奖励等，只是做好这件事得到回报的一部分，更关键的可能还有声誉、关系建立等方面的隐形回报……大家都愿意参与到推进创新创业发展中来。"
	情感传递机制	实现心中愿景	"这类创新创业社团的同学，比较积极、上进，毕业后在各行各业有所成就，乐于反哺社团实现发展愿景。"
		实现自我价值	"指导大学生创新创业训练项目可以发现一些有潜质的'好苗子'……这个过程其实很不容易，但当我从中看到学生因为踏实好学而进步，我会觉得这种付出是值得的。"

首先，高校创新创业生态系统治理体系的组织层次。组织生态学视角下高校创新创业生态系统的治理体系是以组织（组织要素、组织内外部关系等）治理为核心。以广东工业大学为例展开分析发现，高校构建创新创业生态系统治理体系，首先应厘清学校内部主要组织种群及其共栖型关系、学校外部主要组织种群及其融合型关系。

第一，学校内部主要组织种群及其共栖型关系。广东工业大学的创新创业教育工作领导机构作为重要的学校内部组织种群，统领创新创业人才培育的战略部署工作。教学组织作为另外一个重要的学校内部组织种群，负责制订、执行具体的创新创业工作计划。学生机构与社团方面，广东工业大学成立有学生创业俱乐部、青年创新创业协会、创新创业服务中心、未来管理者协会等学生机构及社团，主要服务于学生会员，协同学校组织、管理科创类活动。学校内部主要组织种群形成一种共栖型关系，即一类种群受益于另一类种群，但不会给另一类种群造成损害的良性互动关系。[①] 代表性例子有，学校学生创业俱乐部打造了"广州大学生零元中国行""创业峰会"等品牌活动，曾被《南方都市报》《广州日报》等多家媒体报道，享有较高的社会知名度、美誉度。该活动虽然由学生自主策划、组织和执行，但社会外界认为活动的开展离不开创新创业相关工作领导机构潜移默化的、长期的支持，对创新创业相关工作领导机构给予积极、正面评价。

第二，学校外部主要组织种群及其融合型关系。广东工业大学与政府、行业协会（联盟）、新型研发机构、商业化组织等开展深度合作，具有学、产、研、政、创等跨界属性。一位受访的管理人员介绍道："高校创新创业不是自娱自乐，而是要和经济社会融通，而我们和哪些机构合作，这取决于不同合作方是否有比较成熟的、一致的价值观念，是否专业，是否谋求通过合作汇集、增强高等教育服务国家经济社会发展的能力。"因此，学校外部主要组织种群的关系逻辑，是相关组织种群基于各自成熟度、专业度，直接或间接地达成精诚融合的合作意愿。

其次，高校创新创业生态系统治理体系的生态系统环境要

---

① 闵航：《微生物学》，浙江大学出版社，2011。

素。组织生态学视角下高校创新创业生态系统的治理体系还要关切组织所处环境，对创新创业生态系统的物质、信息与能量交换过程进行科学治理。本研究认为，有两类生态系统环境要素应当引起治理重视。一是技术环境要素，即组织运行所依托的技术性元素，主要涉及组织外部的资源禀赋，组织内部"资源投入—成果产出"技术系统。二是制度环境要素，即组织所处的法律基础、社会规范、市场变化等社会事实。理解治理对象且形成一般性经验认识是有效治理的重要前提之一。以广东工业大学为例，两类生态系统环境要素通常具有特定的形成基础和策略。

技术环境要素方面，广东工业大学立足自身文化属性、创新精神和先进技术等基础，有机整合了专家要素、知识要素、校友要素、平台要素、资金要素、技术要素和文化要素进入高校创新创业生态系统。一方面是高校长期以来的历史积淀。以学校平台要素为例，2009年建成创新创业训练与孵化基地，2014年机构设置调整为创新创业学院、创客空间，2015年升级改造为众创空间，其间还陆续建设各类创业服务中心、院级孵化器等。另一方面是高校立足现有要素的再创造。比如，广东工业大学向来重视校友资源、校园文化资源，形成常态化的运作机制，在此基础上挖掘符合"创新创业"主题的校友专业人才纳入学校创新实践导师、创业导师的师资队伍；在创新创业文化建设上则积极融合学校理工科文化；等等。

制度环境要素方面，广东工业大学根据市场环境、政策环境和社会规范，遵照学校创新人才培育指导方针，提出了学校创新创业生态系统的育人旨归是提高学生家国情怀与务实作风，增强学生善用创新技能服务社会的素质和能力。具体做法和成效有，在推动"不忘初心、牢记使命"主题教育过程中孵化了一名新疆哈萨克族大学生的"'一带一路'未来教室"项目，荣获第五届中国"互联网+"大赛银奖，是学校首个参与大学生创新创业赛事的少数民族和汉族共创型项目，该项目负责人在接受媒体采访时说："我们应该担当起'一带一路'建设时代的责任，让世界搭上中国经济发展的快车。"又如，学校还成立了一个实战式教育载体"创客工坊"，受访的管理者指出："这是一个完全以产业需求、市场需求为导向的实训、孵化体系，真正打造为'一站式'的产品设计、产品试制平台，并欢迎全校所有具有创新创业想法的同学成为工坊会员。"

（三）高校创新创业生态系统的治理机制

广东工业大学存在着五类创新创业生态系统的治理机制，共同作用于相关治理实践。

第一，契约机制。契约机制是指各类行动主体以签署约束性协议进行协作治理。该机制的内在逻辑是，把各类行动主体的机会主义风险控制在条款范畴内，通过契约治理最大限度地控制各类行为与结果的不确定性，保障创新创业生态系统的价值共创成效。广东工业大学推行了两种契约治理形式。一是上下级契约。比如，学校一度对新近引进的海外高层次人才支持学生创新创业作出要求，有受访者指出："最开始参与创新创业是由于合同里有规定，我会比较认真地投入时间、精力去履约。"又如，学校负责创新创业工作的上级权力机构与校内各二级学院管理者经常进行正式或非正式沟通，建立相互期待的心理契约，激发各二级学院管理者务实重于务虚，真正构建成体系的创新人才培育模式，可持续地为国家与社会培育创新型人才、尖端科技成果等。

二是合作伙伴契约。广东工业大学与港澳高校签署了一系列创新创业领域的合作框架协议，为循序共建共治粤港、粤澳创新创业融合服务中心等奠定了基础。

第二，考核机制。考核机制是指高校场域内上级权力机构对下属管理机构的评价，或是参与创新创业活动行动主体的自我规范评价。这种治理机制的重要特征是压实主体责任。广东工业大学在推进创新创业工作时强调重心下移，采取了"锦标赛"制度，以量化积分、排名和年度考核评优等方式调动二级学院反思经验教训的积极性，实现问题存量动态清零，持续优化创新创业活动的经济价值和育人功能。比如，各学院管理者在"赶比超"氛围之下，主动去发现自身存在的实际问题，采取动员相关学科高层次人才参与指导学生创新创业训练，为学生提供创新创业活动场地，或动员社会资源给予创新创业工作更多物质支持等解决策略，助力学生开展高质量创新创业实践，扩大学院创新创业工作的品牌影响力。除此之外，教学组织还具有天然的立德树人使命感，学校善于借助表彰大会、事迹报告等形式对成绩显著的创新创业团队及其指导有方的教师进行表彰，通过这种仪式化活动在全校传加播典型项目及其指导案例，激发更多教师、教务工作者通过参与创新创业活动助推学生成长成才的自我要求。

第三，错位发展机制。错位发展机制是指系统各种内部组织通过某些方式占据独特生态位，或能实现创新资源的自我生产。这一治理机制的依据是优化组织间生态位重叠强度，确保各组织良序共栖。一方面，广东工业大学要求不同学院立足学科特色，采用理论讲解、案例教学和体验式教学等方法，让学生对创业思维与方法有更深刻、全面的认知。学校还优先支持把专业特色融入创新创业活动的院级创新创业活动，鼓励各二级学院培育具有专业性、创新性的高价值成果，从而降低同质性项目之间的资源竞争程度。比如，在学校引导下，工科类学院的创新创业成果更多具有以数据智能、云计算、区块链等为代表的数字技术基因；经管类学院的创新创业成果则能从商业环境的深刻重构与变化，提出商业模式的改善或创新方案。另一方面，广东工业大学动员各类组织自主拓展、引入外部人力资源和社会资源，必要时通过校院两级跨层级协作的方式，拓展与外部组织等在创新创业活动上的合作空间。以衍生集团、粤港澳大湾区青创中心等与学校生物医药学院举办合作洽谈会为例，学校科技与人文研究院、港澳台事务办等领导出席该会议，提高与来访团交流合作的权威性和效率，在各方高度重视下，形成对接创新资源、交流创新经验、合作孵化创业项目等意向。

第四，利益关联机制。利益关联机制是指校内、校外组织依托资源互置、战略赋能和利益拓展等思路进行关系治理。其一，资源互置能提高组织间资源的价值最大化利用。例如，广东工业大学与香港岭南大学联合通过"创新创业线上工坊""寒暑假创新创业实训营"等共享联合课程，一位正承建省级创业课程建设项目的教师评价道："跨境合作创新创业合作，对学校来说是能借助岭大的国际合作资源和国际师资，而岭大可以借助学校深厚的产业优势、平台优势，为该校学生创新创业成果落地大湾区提供支撑。"其二，战略赋能是推进战略合作伙伴结构升级，发挥协同效应、价值共创的一种战略谋划。广东工业大学主要和科研院所、投资机构、中介机构、企业等外部组织合作，随着外部制度规范性的提升，如金融信贷体制、交易政策等不断健全，学校升级与外部组织的战略合作，构建"研究院投资公司+学院+创业团队""技术转让中心+公司+学生团队"等多向赋能的战略合作模式，满足各方服务产业升级、提升经济效益和培育优秀人才等的利益追求与行动逻辑。其三，利益拓展是指两个及两个以上的组织个体寻找到第三场域的共同利益交汇点。具体而言，企业与学校推进创新创业合作，双方除了达成获取经济利益、人力资本和科技资源等实质性合作成果，往往还产生难以直接定义与衡量的情感建设、社会声誉等其他利益点。一位主管创新创业工作的受访者强调："企业、学校通过教育活动冠名、合作基地挂牌、设置校企专项奖学金等各类形式，可以提升企业和学校双方的社会声誉，进而间接地扩大在教育领域、商业领域的影响力，最终提高组织效益，长期经营好情感关系，追求的是长期绩效回报。"同理，学生机构与社团、教学组织等积极参与创新创业活动，部分学生骨干树立为朋辈榜样，教师骨干树立为名师典范，均是绩效回报以外的利益拓展。

第五，情感传递机制。情感传递机制是指有关治理行动是沿着满足行动者高层次情感需要而展开，利用了行为主体普遍存在的实现自我价值、追求美好生活和履行义务等社会情感。比如，在广东工业大学案例中，部分高层次人才构成的教学组织因感受到相关行政部门对某些特定项目结果导向的期待而形成一定压力，不过受访的一线教师同时也普遍反映，以兴趣、自我价值实现为导向的师生教学互动、项目共创，让他们依旧在参与高校创新创业上保持动力。而且此类情感传递机制在学生组织也有较为明显的体现，如学校学生创业俱乐部建立有"历代同堂"微信群，至今仍活跃着毕业近20年的老会员。参与指导该社团第六届创业峰会的一位教师说道："今年（2021 年）（创业）峰会的重要合作组织是快消品行业一家知名企业负责人，也是 13 届'创俱人'所引荐的，完全是出于对俱乐部拥有深厚感情，希望这个自己待过的组织能把品牌活动传承得更好。对于活动的成功举办，她感到既激动又自豪。"由此可见，学生机构及社团可以在各组织较为依赖学校资源的生态中，通过情感传递机制动员会员，迂回获取创新资源，提升学生机构与社团生存与发展的能力。

四　研究结论与治理启示

高校创新创业生态系统与商业生态系统、创业生态系统等有质的区别，亟须采取较为严谨的方法对其治理体系进行专门探讨。本研究在质性访谈基础上，以组织生态视角对广东工业大学进行案例分析发现，高校创新创业生态系统治理体系主要包括以下几点。一是高校管理者是治理体系中的主导主体，通过响应制度环境、统筹育人合力，落实深化创新创业改革的治理要求。二是生态系统组织层次、生态系统环境要素是治理体系的关键部分，这些治理对象具有各自的内在逻辑。三是治理主体根据治理对象与治理背景的情况，可制定契约机制、考核机制、错位发展机制、利益关联机制、情感传递机制等适切的治理机制，一定程度上避免或消解了系统内隐不确定性、组织结构区隔和创新资源生态位竞争等治理困境。由此，可以提炼出一个高校创新创业生态系统治理体系的理论模型（见图 1-5）。

总之，高校创新创业生态系统的治理有效性是高校创新创业生态系统可持续发展的根本动力，广东工业大学围绕组织治理构

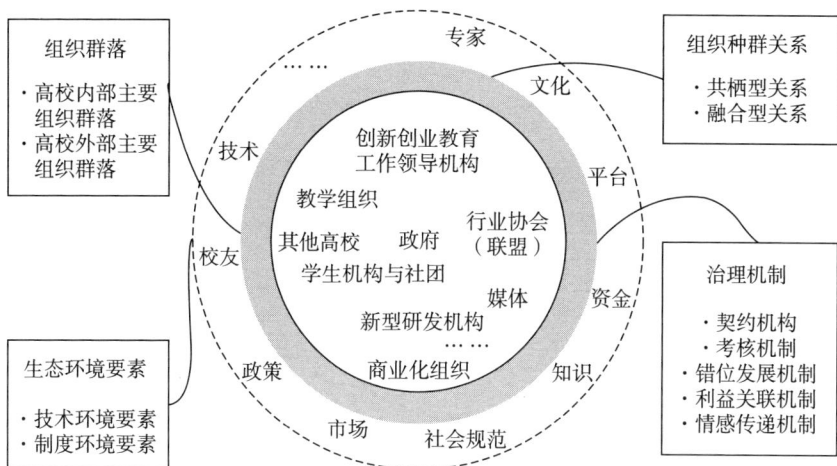

图 1-5　高校创新创业生态系统的治理体系

建起创新创业生态系统治理体系，其可资借鉴的价值集中体现在以下四个方面。

第一，重视治理体系主导主体的领导功能。许多创新创业生态系统的治理失灵，其中重要原因之一就是主体权威的缺位。我国高校是党领导下的中国特色社会主义高校，创新创业的发展和治理具有"自上而下"推动的特点①，而高校管理者是党的教育方针的拥护者，适合为具体治理行动提供坚实的领导保障。首先，高校管理者应从顶层设计上优化治理制度，移除治理障碍，引导多元主体参与治理。其次，高校管理者应推动治理机制创新，推广以利益关系、情感认同等为基础的一系列治理手段，普及平台共享共建、人才共育共用等治理思路，倡导过程控制、合资研发、成果定向应用等治理策略。

----

① 杨晓慧：《高校创业教育生态系统建设的国际比较和中国特色》，《中国高教研究》2018 年第 1 期。

第二，满足相关行动者的社会情感需要。高校应当在下述方面做出努力。一是厚植创新创业文化，及时总结优秀的创新创业案例，在高校自有的宣传渠道（如学校网站、官方抖音号、官方微信公众号等）和国家级、省市级媒体渠道加以宣传，更好地吸纳校友、政府等主体予以关注，并善于以这种文化宣传的柔性感召力量来治理多边关系。二是强化创新创业氛围，可考虑通过举办全校性的重大表彰大会、事迹报告会等仪式，令师生、职工等增进创新创业工作认同感，提高协作参与创新创业工作的自觉性，激活相关行动主体开展创新创业实践的内在驱动力，可能还有利于矫正创新创业教育重短期经济成效的风向，促使行动主体拥护高校创新创业生态系统更长远、根本的创新人才培育目标，达成长期、稳健的创造性合作。

第三，汲取学校或学科特色发展的智慧。每所高校都具有自身发展定位和校园治理经验。首先，建议高校在创新创业生态系统治理过程中，要避免过度追逐社会情势，反致创新人才培育目标悬而未决，而应以高校定位和学科优势为突破口，并与国家根本战略、区域发展特色等深度融合，明确提出创新创业生态系统的特色理念。其次，建议高校要注重形成自身培育拔尖创新人才、创造经济效益、创造社会效益的特色和优势，才能与外部主要组织种群形成更加明确的利益联结点，推进更务实的协同治理合作。

第四，强调各类组织创新资源的生产。创新资源配置始终是创新创业生态系统的治理难点，高校必须拓宽信息沟通渠道，构建良好的信任关系，畅通"产学研创"各环节，把各类组织间的资源生产与流动过程视为利益攸关、互为依赖的共同体进行治理。一方面，高校可以完善不同组织协同育人成果的评价和认定方案，倡导跨院系、跨界别、跨学科、跨课堂、跨专业交叉培养创新创业人才的特色做法，破解因院系界别、"小利益集团"边界等而产生的资源互动困难；另一方面，高校可以构建"创新创业学院统筹+二级学院推进"的创新创业工作责任制度，校级组织机构负责集中合力打造高层次师资力量，构筑共享共建实践平台、创新创业教育服务中心、创业项目孵化与展示平台等，推进创新创业教育精细化、规范化。二级学院、学生机构及社团等则需要勤于做好校友服务、管理创新等，开拓获取创新资源的渠道。

第二章 新工科创新创业竞赛
训练的发展分析

第一节 新工科创新创业竞赛训练
面临的发展新形势

随着社会情境变化及时代发展变迁，新工科创新创业竞赛训练的内涵经历着与时俱进的演变过程。特别是高校创新创业教育已上升至我国国家政策层面，进一步深化高校创新创业教育改革，是国家实施创新驱动发展战略、促进经济高质量发展的迫切需要，是推进高等教育综合改革，推动高校毕业生更高质量就业创业的重要举措。凡此种种，无不说明新工科创新创业竞赛训练面临新的形势背景，需要彰显强烈的现实意义及鲜明的时代意蕴。

一 创新驱动和区域协同发展

大力推进实施创新驱动发展战略，积极构建以国内大循环为主体、国内国际双循环相互促进的新发展格局，加快创新型国家建设步伐，是新时代赋予的历史使命。① 高校深化创新创业教育改革应与党和国家事业发展同频共振、同向同行，故而新时代背景下，创业教育肩负缩小经济社会发展差距的功能，而且需为增强发展协调性、整体性提供重要支撑②，新工科创新创业竞赛训练作为增效高校创业教育的重要内容，也理应积极回应创业教育反哺社会的发展动向。

　　受到地域生态、资源禀赋、政策赋能等区位因素的综合影响，长期以来，我国东西部地区的发展现状还存在一定差距。随着我国创新驱动发展战略的实施，各类产业亟须升级改造，或是基于创新要素开辟新赛道，有鉴于此，各地如若把握发展机遇，立足本地资源禀赋，彰显地区发展特色，主动融入创新驱动循环经济发展体系，将有望实现经济社会发展的飞跃。各地区高校在新形势下，以新工科创新创业竞赛训练为载体，在项目孵化过程中注重跨区域合作和沟通，加速创新人才流、科创知识流及多源资金流等要素的组合融通，推动供需对接更精准及资源配置更优化，全力助推创新成果的转化、市场化及产业化，为地区重塑区域竞争力及发展优势贡献力量。新工科创新创业竞赛训练与创新驱动、区域协同发展的联系如表2-1所示。

表2-1　新工科创新创业竞赛训练与创新驱动、区域协同发展的联系

创新驱动：随着科技的不断进步和社会的快速变化，创新已经成为推动经济增长和社会进步的关键因素。在新工科创新创业竞赛训练中，创新能力被视为评判一个项目是否具有竞争

---

① 尹广文：《创新型国家建设的社会基础研究》，《福建论坛》（人文社会科学版）2015年第2期。

② 张凤娟、潘锦虹：《我国高校创新创业教育政策的范式变迁及其嬗变逻辑》，《高等工程教育研究》2022年第5期；杜殿川：《行走共同成长的教育之路》，宁夏人民出版社，2018，第80页。

力的重要指标。只有具备创新能力的项目才能顺应时代的发展趋势，满足市场需求，并在竞争中脱颖而出
区域协同发展：区域内的资源、产业和创新要素相互交织，形成了协同发展的机会和优势。新工科创新创业竞赛训练不再局限于单个企业或个人，而是注重区域间的合作与协同。通过区域协同发展，可以充分发挥各方的优势，加速创新创业项目的成长。同时，区域协同发展也有助于促进人才流动和资源配置，提升整个创业生态系统的竞争力

二 产教融合和科教融合

重视产业发展对工程技术人才培养的需求导向，促进高校与各领域企业的合作，通过整合并充分利用双方不同的教育环境和资源，实施产教融合及科教融合的创新拔尖人才培养模式，在全球范围内取得了显著的成就，并引起了广泛的关注。2020年9月，教育部专门推出了"加快高层次人才培养"十大专项行动，产教融合建设行动是其中之一。习近平总书记在党的二十大报告中提出，实施科教兴国战略，强化现代化建设人才支撑，突出强调"统筹职业教育、高等教育、继续教育协同创新，推进职普融通、产教融合、科教融汇，优化职业教育类型定位"。2022年9月，教育部、国资委共同组织召开了卓越工程师培养工作推进会，强调要深刻学习领会习近平总书记重要讲话精神，贯彻落实中央人才工作会议精神，积极推进育人模式创新，着力深化人才发展体制机制改革，倡议要始终坚持需求导向，充分调动校企积极性，联合设计培养目标、制定培养方案、实施培养过程，实现工程技术人才培养和工程实践深度融合。

在产教融合和科教融合的推动下，首先，高校通过与企业合作，提供有利于支持创新创业竞赛训练的实践平台，使学生接触到真实的市场需求和行业发展趋势，将所学知识应用于创新创业项目，更好地锻炼创新创业能力。其次，新工科创新创业竞赛训练涉及广泛的领域和行业，基于产教融合和科教融合模式，使高校和企业密切合作，在理解产业需求的基础上，精准动员企业力量支持新工科创新创业训练，学生可以更便捷地获取更多的资源、技术支持和市场机会，提高创新创业训练项目成功的可能性。最后，新工科创新创业竞赛训练常常需要跨越不同学科和领域，产教融合和科教融合模式鼓励学科间的交叉合作，促进知识与技术的融通，通过跨领域的合作，学生可以借鉴其他领域的经验和思维方式，创造出更具竞争力的创新创业项目。新工科创新创业竞赛训练与产教融合、科教融合的联系如表 2-2 所示。

表 2-2　新工科创新创业竞赛训练与产教融合、科教融合的联系

产教融合：传统的教育模式与实际产业需求之间存在着一定的脱节，学生毕业后往往难以与企业的实际工作需求相匹配。而产教融合的理念强调将教育与产业结合起来，促进学校与企业之间的合作，使教育更加贴近实际需求。在新工科创新创业竞赛训练中，产教融合可以提供学生更多的实践机会和真实项目经验，培养更符合市场需求的拔尖创新人才
科教融合：科技的快速发展对于创业项目的成功至关重要。科教融合呼吁将科研成果与教育相结合，将科技创新应用于教育过程中。新工科创新创业竞赛训练要求学生锻炼科技创新的能力，提升科技创新的意识，积极地把最新的科技成果转化为商业价值。通过科教融合，学生可以接触到前沿科技，了解市场趋势，并将其应用到自己的创新创业项目中，提升竞争力

三　未来产业或引领性产业发展

未来产业或引领性产业是指新一轮科技革命和产业变革的先

导产业，在未来发展中具有巨大潜力和领导地位[①]，如包括人工智能、大数据与云计算、新能源与可再生能源、生物医药、新材料、智能制造、无人驾驶和智能交通等。也就是说，未来产业或引领性产业通常基于新兴技术、新的商业模式或者社会经济变革等因素，具有战略引领性、超强颠覆性、高成长潜力等典型特征，[②] 是经济社会发展的新动力和增长点。

面向未来产业或引领性产业发展的人才培养是新工科建设的内在要求，故而新工科创新创业竞赛训练需要瞄准未来产业超前布局，密切结合产业发展趋势和科研创新需求，对学生的创新能力和创业精神提出更高要求，并根据国家整体尤其是区域引领性产业的特色及发展要求，在新工科创新创业竞赛训练的人才培养目标、课程设置及师资配置等层面全面对接其诉求。新工科创新创业竞赛训练与未来产业或引领性产业发展的联系如表 2-3 所示。

表 2-3 新工科创新创业竞赛训练与未来产业或引领性产业发展的联系

选择未来产业或引领性产业作为新工科创新创业竞赛训练方向：未来产业往往与前沿技术和创新密切相关，随着科技的不断进步和经济的转型升级，新兴产业和引领性产业不断涌现，新工科创新创业竞赛需要紧跟时代的脚步，关注未来产业的发展趋势，让学生能够了解并把握这些领域的机遇，更好地满足社会对创新产品和服务的需求
新工科创新创业竞赛训练培养未来产业的创业者和领导者：新工科创新创业竞赛训练注重培养学生的实践能力、创新思维、团队合作和领导能力，通过塑造学生的创新创业能力和团队领导力，为他们成为未来产业的创业者和领导者奠定基础

---

① 杨丹辉：《未来产业发展与政策体系构建》，《经济纵横》2022 年第 11 期。
② 李军凯、高菲、龚轶：《构建面向未来产业的创新生态系统：结构框架与实现路径》，《中国科学院院刊》2023 年第 6 期。

第二节　新工科创新创业竞赛训练
面临的发展挑战

　　高校构建与发展新工科创新创业竞赛训练体系是一个系统化的过程，充分释放其育人效能，依然任重道远。这是因为打造高质量新工科创新创业竞赛训练体系需要应对教师指导与资源支持、跨学科协作与融合、风险管理与评估、协作共赢与关系治理、平衡工具理性与价值理性等多方面的挑战。

一　教师指导与资源支持

　　一方面，新工科创新创业竞赛训练需要配备具有深厚专业知识及丰富实践经验的师资队伍，才能更好地引导学生进行项目规划、技术开发及商业模式设计或创新等。然而，目前我国大多数高校仍然缺乏足够数量和质量的专业化创新创业导师，而且培养合格的创业导师需要时间和资源的投入，涉及师资培养、经验积累等方面的问题，也就是说，可能在未来的一段时间内，不少高校的新工科创新创业竞赛训练育人效能受到师资力量匮乏的挑战。[①]

　　另一方面，为了支持学生参赛项目的开展，高校还需要提供充足的实验室设备、创业孵化基地、创业基金等资源。[②] 在一些

---

①　于玺、植林、梁静鑫等：《新工科体验式创业教育的系统机制》，《系统科学学报》2023 年第 2 期。

②　周艳、苗展丽、陈海龙等：《新工科背景下能源与动力工程专业创新创业教育体系的构建与实践》，《高等工程教育研究》2023 年第 S1 期。

高校或地区，这些实践平台和资源可能相对匮乏，限制了新工科创新创业竞赛训练的深入开展。

二　跨学科协作与融合

新工科创新创业竞赛训练一般要求学生组成跨学科团队，从不同领域的专业知识中汲取灵感和技术支持。不过，首先，在高校的传统学科架构下，学科壁垒和传统学科思维是跨学科协作与融合的一大挑战。不同学院和专业往往存在独立发展的倾向，学科间交流合作的机会有限。教师及学生的思维也受制于传统学科边界，难以跨越学科限制进行综合性思考和合作，未能形成促进不同专业领域的学生形成合作共赢的态势。其次，不同学科专业的学生之间由于缺乏共同的理解和语言框架，容易影响内部团队塑造一种团队默契，进而削弱团队整体的价值共创能力。甚至有时候，由于学科背景和工作思维及方式的差异，学生之间可能存在合作困难和冲突。[①]

三　风险管理与评估

创新创业是充满风险的，如果高校学生不能充分认识与评估创新创业存在的风险，那么就容易导致创新创业的失败。新工科创新创业竞赛训练同样具有一定的风险性，在项目执行过程中可能会面临技术、市场、资金等方面的挑战。其中，科技成果转化需要投入大量的资本，而这种投资相较于普通投资具有较高风险[②]，

[①]　李炜：《工科大学生创业风险现状分析及对策研究》，《中国成人教育》2017年第22期。
[②]　袁杰、赵建仓、吴志辉等：《创业风险投资与高校科技成果转化》，《中国高校科技》2018年第11期。

高校参与构建健康成熟的创业风险投资市场体系，以及通过校内媒体渠道等进行风险投资宣传，是极有必要却又存在不足的。高校需要建立完善的风险管理机制，帮助学生识别和评估项目风险，并提供相应的支持和指导。

四　协作共赢与关系治理

根据课题组长期的跟踪调研，目前我国高校在观念认知上，能够突破以单一高校为主体或基本以高校为主导主体的"封闭式"创新创业竞赛训练观束缚，但仍没有系统性建立起协同育人及价值共创的教育意识，缺失有效联合市场多方利益相关者的机制设计，未能在已有的产学研基础上进一步深化合作，共筑新工科创新创业竞赛训练支持体系。而且，受传统办学模式与科研管理体制、人才考评机制等影响[1]，针对多主体价值共创项目的评估，尤其是外部合作主体的贡献评估上，缺乏科学、有效的执行手段或经验，导致多方利益相关者的经济效益和其他权益缺乏保障，影响了多方利益相关者参与推进高校科研成果市场转化、创新创业项目产业化的意愿及积极性。

五　平衡工具理性与价值理性

新工科创新创业竞赛训练在高校教育改革中应该遵循怎样的价值理念、发挥怎样的功能，这些都是高校需要深入研论、反复思考的关键性问题。工具理性以外界期待为归依，重视行为的结

---

[1]　沈云慈：《地方高校创新创业教育支持体系的构建——基于产学研协同全链条融通视角》，《中国高校科技》2020 年第 12 期。

果，具有功利性的特征，价值理性则强调本心追求及信仰，不计较行为的后果，具有非功利性的特点。从我国高校新工科创新创业竞赛训练的现实表征来看，新工科竞赛训练主要受控于外驱力，一些学生对参赛的认知亦产生功利化倾向，总体上而言，工具理性在新工科创新创业竞赛训练中凸显过度①，高校亟须在实践层面上有意识地协调工具理性与价值理性的关系②。

第三节　新工科创新创业竞赛训练
高质量发展

我国新工科创新创业竞赛训练已然大踏步进入了普及化阶段，其发展重心也将从推广扩张转向内涵建设，新工科创新创业竞赛训练高质量发展命题由此应运而生。

一　树立全局意识，建立多主体价值共创机制

首先，高校应该洞察教育生态系统中多主体价值共创的运行规律，制定明确的新工科创新创业竞赛训练发展规划，确定发展目标、重点任务和时间节点，规划中应该包括培养模式、课程设置、创新创业实践平台建设等内容，为新工科创新创业竞赛训练提供整体指导、实践框架及具有前瞻性的目标旨向。

---

① 郭丽莹、赵国靖、黄兆信：《从工具理性到价值理性：高校创新创业教育的新功能观》，《杭州师范大学学报》（社会科学版）2023 年第 2 期。
② 刁衍斌、王嘉茉、张育广等：《系统思维视域下高校体验式创业价值观的培育路径》，《系统科学学报》2022 年第 4 期。

其次，科学构建指导新工科创新创业竞赛训练的组织架构，高校可设立新工科创新创业竞赛训练指导中心或相关机构，负责协调、组织和推动新工科创新创业竞赛训练的各项工作，该机构应从教务处、学生处及校团委等部门抽调精干力量，成立专门团队，负责新工科创新创业竞赛训练的教师培训、课程设计及项目辅导等，还应考虑成立产业研究院，主要服务及鼓励教师通过和企业进行科研合作，推动教师联动学生积极参加和本专业相关的工程应用及社会创新创业实践。

最后，高校应建立新工科创新创业竞赛训练的多元评价机制，针对学生方面，不仅注重学生的创新创业成果和商业价值，还要评估其创新能力、团队协作能力和社会影响力等方面，通过多维度评价，促进学生全面素质的培养。针对教师、企业等其他利益相关方，高校保障新工科创新创业竞赛训练的价值指向，设立与育人目标贴合的考评制度，建立合理有效的竞争机制和奖惩机制。

二　优化资源配置，支持竞赛项目从赛场走向市场

新工科创新创业竞赛训练项目的最终目标不在赛场而在市场，高校在宣传引导工作上，需要合理定位项目成果的走向，引导形成能接受市场检验的高质量项目，为项目落地和孵化配置资源，极力避免项目孵化功利化导向，规避陷入唯赛场、唯奖励、衍生创业竞赛培训产业等怪圈。具体的，一是加强与政府、企业及其他社会组织的合作，整合对接资源，赋能因应项目，提高项目整体质量。二是加强校内项目评审、筛选过程的科学合理性，引入校外有丰富经验的创业者和投资者参与评审活动，优先支持

有鲜明创新理念或技术的项目，与地区均衡发展和乡村振兴战略密切的项目，与产学研结合及经济社会发展结合紧密的项目。三是联合校友企业资源等，建立多样化创新创业训练项目孵化平台，对人工智能与制造、交通、医疗、农业等各领域的高质量项目进行精细化服务。四是通过开展"项目回访""走访创客"等活动，追踪、评估及持续扶持历届参与新工科创新创业竞赛训练的项目，提供更具针对性的资金、人力、法律等方面扶持。

三　重视以文化人，培育可持续创新创业价值观

习近平总书记在全国高校思想政治工作会议上指出，要更加注重以文化人、以文育人，广泛开展文明校园创建，开展形式多样、健康向上的、格调高雅的校园文化活动，广泛开展各类社会实践活动。可以看出，以文化人成为教育的核心战略。① 高校在动员学生参与新工科创新创业竞赛训练的过程中，应对文化氛围及校园创新创业生态环境建设给予更多的价值认同与行为投入。高校除了能够在遵循拔尖创新人才成长规律的基础上，致力于提升学生的创新意识、创业思维及创业能力，更要以专业实训及学生寒暑假社会实践活动等为契机，丰盈校园新工科创新创业文化建设，营造良好的新工科创新创业文化氛围，向学生传递正确的思政观、工程伦理观和创业义利观，让学生在先进文化浸润下，最终培育可持续创新创业价值观，形成贯穿终身发展的可持续成长能力。

---

① 满炫：《"以文化人"理念下高校文化育人目标的价值取向及科学设定》，《江苏高教》2018年第5期。

第三章　新工科创新创业竞赛训练的育人经验总结

第一节　创业的行业选择原则及方法

新工科创新创业竞赛训练是引导学生正式创新创业的前置行动，让学生在新工科创新创业竞赛训练中了解到行业选择原则及方法工具，是有效提高学生创业意向及创业成功率的重要手段。

一　大学生创业的行业选择原则及方法

（一）熟悉原则

要提高创业的成功率，首先，需要遵循行业选择原则，选对行业，为成功奠定基础，其中之一就是要遵循熟悉原则，有很多学生在创业时选择了自己不够了解及熟悉的行业，使得他们在创业中遇到了很多问题，成功率也不高，而选择熟悉的行业，则可以有效减少熟悉行业的时间，将这些时间及精力用来做其他工作。因此，学生要选择熟知的行业，这也是每个成功的创业者都推崇的原则，只有全面掌握和精通该行业的基本情况以及实务知识，才能提高创业成功率，经营好企业。其次，学生可以选择和自己专业有关的行业，这样就可以充分利用和发挥出所学专业的优势，做到学以致用。最后，特长对于学生的发展具有重要作用，如果在选择创业行业时，可以选择让特长得到发挥的行业，可以让自己在其中尽情展现自己的能力及才华，这也是最易获得创业成功的选择。

（二）需要原则

学生需要选择那些有良好发展前景的行业。这就需要学生在选择行业时，需要先分析和判断行业的发展情况和前景，在判断行业领域时，一般使用的标准就是生命周期理论，每个行业都有自身的生命周期，呈现幼稚、成长、饱和及衰退的过程特征，一般新兴行业比较有发展前景，它们通常还处在幼稚或是成长的阶段，继续发展的空间比较大。大学生的思想意识更新很快，并且可以将这些变化也勇敢地落实到行动中，因此，大学生在创业行业选择时选择新兴的行业，可以将自己的理想加入行业中，体现自己的创业价值观。

另外，在选择行业时，需要选择国家政策中重点扶持的行业。国家的政策优惠可以为其发展提供较为宽松的环境，进入市场也更加容易，这样的行业会有较好的发展前景。大学生就业问题日趋严峻，国家也鼓励学生进行创业，并且给毕业生创业提供了各种政策优惠，在这样的情况下，学生选择国家大力支持的行业，就可以提升创业成功率，更容易获得成功。

（三）适合原则

在选择行业时，还需要考虑自己是否适合，只有在适合的情况下才能充分发挥出自身的才能，让个性得到全面发展。因此，需要遵循适合原则，具体有以下四个方面的内容。

首先，需要选择人数少的行业。学生都缺乏创业经验，有的学生在校期间会有管理学生的经验，虽然可以为创业提供基础，但是这种经验和企业管理还是有差异的，对于企业的经营，有效管理对学生创业来说非常重要。因此，学生在第一次进行创业时摊子不要铺得过大，就算是团体创业，也不能有过多的人手，这是因为人数多了创业目标以及决策意见方面就会出现差异，很难做到统一，如果群体内部发生了较大的冲突，那么就会影响团队创业，甚至让创业失败。

其次，需要选择那些投资风险较小的行业。风险及收益是成正比的，对于没有经验的毕业生来说，需要尽量规避风险，选择那些风险较小的行业，这样学生心理压力也会较小，学生对企业的把控能力还不足，分析行业状况的能力也不足，因此，选择风险小的行业，比较适合学生发展，容易获得成功，进而激励他们的创业斗志及积极性。选择风险小的行业，即使遇到困难或者是失败了对学生的打击和损失也会较小，不会影响学生的再次创业。

再次，需要选择那些资金周转较短的行业。资金是学生在创业中遇到的一个主要问题，学生自身经济条件受限，且投资公司通常都不青睐学生创业。虽然国家在资金方面出台了一些扶持政策，然而创业是长期的事情，学生融资渠道少，很多学生因为资金周转时间较长，无法及时得到融资，使得创业以失败告终，这样的事例有很多。

最后，要选择利润较高的行业，这样可以让学生较快地获得高额利润，能够减少收回创业投资成本的时间，对学生创业具有积极的促进作用，可以让企业获得更好的发展，扩大发展规模。如果不遵循这一原则，选择利润较低的行业，那么学生的创业过程就会更加困难，在市场竞争日益激烈的情况下，就很难让企业稳定并且做大做强。

二 大学生创业的行业选择方法

（一）大学生要对行业进行积极的社会调查

大学生社会经验不足，对社会的认识也不够深入全面，这些都会对学生的创业造成影响。这就需要学生能够积极地调查要选择的行业，大范围地收集行业的有关信息，了解和掌握行业的社会需求，在此基础上，可以预测行业市场日后的情况。另外，学生还需要充分掌握国家的政策以及有关的法律法规，尽量选择那些国家大力支持的行业，进而提高创业效率，促进发展。在调查行业情况时，要全面考虑，包括当前行业的市场竞争情况、进入行业后有可能会遇到的壁垒、经营成本、风险因素、收益等，对这些内容进行全面的分析，做出科学的评估。如果有关行业已经在市场中运行，就要深入研究其运行中存在的不足，主动积极地研究制约行业发展的因素。

（二）听取行家意见

除了大范围的社会调查及行业分析外，还需要认真听取专家或者行家的建议。这就需要学生可以将之前调查和收集到的资料、信息、市场情况等进行分类整理，将整理的结果以及找出的问题请教专家或者行家，之后将他们给出的意见进行收集和整理，将其作为行业选择的参考材料，将这些材料再反馈给不同的行家或专家，通过这样的循环和不断地征询，直到达到多数专家的意见一致，或者是不用修改自己意见进而科学地选择行业。这一方法可以让第一次创业缺乏经验的学生获得选择行业的依据，减少一些行业选择风险，能够为学生行业选择做出定量、定性的分析以及预测与评估，在正确的行业选择的基础上，提高成功概率。

（三）进行行业分析

在社会调查基础上对行业做出可行性分析，每个行业发展都有其环境及发展前景、其潜在的竞争对手以及实力，这些都需要学生在准备阶段能够对行业的相关情况进行系统、全面的分析。比如，部分行业虽然表面看起来规模不是很大，但是其却有很好的发展，发展前景也较好，而有的行业虽然看上去发展得很好，但是实际上却是暗伏危机，有的行业不引人注意，但是却有很强的发展势头，学生需要认真分析，能够具有发展的眼光，做出有效的判断。

（四）开展自我评估

在分析及了解行业基本情况后，学生还需要对自己有正确、全面的认识，能够准确地定位自己，选择适合自己的行业，认清自己是进行行业选择的基础，现实中，有很多人就是因为缺乏对自己正确的审视及定位，不清楚自己的优势和不足，没有目的地选择行业，最终使得创业失败。因此，学生需要先进行自我评估，明确自身的情况，包括优点、不足、特长、社会经验、知识、能力、专业技能、人际交往能力、工作环境等情况，进行充分考虑，客观地对自己进行定位，进而得出有效评估，在此基础上选择要创业的行业。

第二节　人生的方向规划与决策

新工科创新创业竞赛训练也是学生探索人生方向的助推器。近年来，国内高校通过把新工科创新创业竞赛训练融入高校的思政教育链，创新开展新工科创新创业"思政课"，又把新工科创新创业竞赛训练融入社会的"创新链"，探索开展劳动教育"实践课"，还把新工科创新创业竞赛训练融入行业的"产业链"，持续开展聚焦专业特色的"技能课"，由此一系列教育动作，培养学生在创新创业体验过程中规划人生，并坚定理想信念和正确的奋斗方向。

一　典型案例经验

（一）浸润模式：把新工科创新创业教育竞赛训练融入人才培养全过程

广东工业大学轻工化工学院从营造创新实践氛围入手，通过完善制度设计、加大支持力度、有效整合资源，将新工科创新创业教育有效融入人才培养全过程。

首先，校企培养引路子。学院以"3+1"校企培养为切入口，推动"实践+实习+导师引入"深度融合。大一暑假开始到企业参与实践实习，了解生产流程，大二返校后进入导师的实验室，实现从研发到生产的全过程了解，为日后在行业深耕打下坚实基础。

其次，特色班级培精英。基于产科教融合促进芳香产业的发展，开设了"芳香健康产业特色班"，采用"3年集中理论课堂学习+1年实践教学"的模式培养，学生前3年主要在学校学习理论课，完成学校的知识体系教育。其间，结合特色班学生创新创业的特点与企业的技术需求，将与企业合作共同设立实践研究项目，定向支持大学生创新创业、挑战杯创新竞赛以及乡村振兴等项目。通过项目驱动的模式，要求每个学生参与创新创业活动，培养其创新创业精神及相关技能，并促进实习基地群企业间的联系。在学生大四的整一年将在芳香健康产业链相关的企业或者芳香产业协会会员企业完成实习实践课程并进行毕业设计，其间由学校导师与企业导师共同指导。学生毕业后与企业双向选择就业，为芳香健康产业提供优质后备人才，为粤港澳大湾区芳香健康科技协同创新平台的人才培养、领军人才建设、科技攻关和社会服务水平提升贡献力量。

（二）孵化器模式：把新工科创新创业竞赛训练作为学生成长成才助推器

江汉大学人工智能学院积极探索与践行创新创业教育的"实践课"，着力激发学生的创新创业潜能，引导学生坚定理想信念，并依托扎实的专业技能知识及强大的实践创新能力，成为国家与社会需要的创新型、国际型、应用型人才。

一方面，有序组织开展了创新创业教育月活动，设计了赛事及赛规的分析解读、竞赛模拟及复盘等活动环节，鼓励和引导学生更为主动地投身创新创业实践活动中。另一方面，遴选学科竞赛中脱颖而出的优质项目及潜力项目，本着"以赛促学、以赛促练、赛'创'联动"的原则，实现"第一课堂专业学习+第二课堂竞赛实践"的共同发展。特别是充分利用创新创业实训平台，有效地整合了数学建模协会、AI 协会等的师生团队资源，开展"未来程序员"、青少年计算机编程（计算思维）公益课堂等，赋能学生的成长成才。据了解，该学院还通过联合法雷奥集团、东软集团等业内优质企业，以宣讲会等方式向学生传输行业前沿动态，激励学生能够投身行业创新赛道进行创新创业。

（三）生态协同模式：把新工科创新创业竞赛训练作为育人生态催化剂

南京工业大学构建"理论＋实践"的创新创业实践教育体系，其中创新创业竞赛训练是促进育人生态相协同的重要抓手。

以"创新攀登"工程及组织学生参与学科竞赛为主要工作路径，精准设置了科创类、产学研类、管理赋能类及人文社科类的系列创新创业活动，并要求各职能部门打出"组合拳"，依托专业学习和第二课堂实践等丰富创新创业教育的内涵，在此过程中持续地孵化创业品牌项目，为创新创业竞赛训练及实践团队等提供咨询服务、资源支持，开辟创新创业教育内涵式发展道路。启动"时钧班"创建与评定活动、"大学生年度人物""十大杰出青年学生"风采展评会等，此类活动强调将"时钧精神"内化为南京工业大学学生的内在追求，表彰在创新创业竞赛训练及实践中具有突出成绩或彰显进取精神的学子，树立创新创业的青春榜样。

二 创新创业与人生规划

第一，创新创业是高校学生人生规划的重要选项之一。目前，不少工科大学生极具创新创业意愿和潜力，从事创新创业便是其实现个人价值和个人理想的途径之一，也是展示其专业才能和个人魅力的重要方式。创新创业教育已然成为工科院校学生人生规划的重要选项之一，学生们通过创新创业教育，尤其是在新工科创新创业竞赛训练过程中，结合自己的兴趣、能力、资源及价值观，选择适宜性创业行业、创业领域、创业团队、创业时间及创业模式，制订创业目标、创业战略及创业计划，有序推进创业行动并开展动态化创业评估，通过不断调整及完善创新创业策略和目的，以实现创业成功。

第二，创新创业是人生规划的重要推动力之一。创新创业是对未知发起挑战的创造性活动，它必然要求学生付出巨大的努力及牺牲，当然这一过程也是富有机遇的，可能会带来巨大的回报和成就。值得特别强调的是，创新创业通常利于激发学生的激情和勇气，增强学生的自信心，培养学生的创新思维，增强学生的抗压能力和问题解决能力，在创新创业竞赛训练中还可以拓展人脉资源、社会影响力等，从而提升学生的市场关注度和竞争力。创新创业切实地助推了学生在各个方面实现自我超越，最终实现人生规划的目标。

第三，创新创业是人生规划的重要反馈之一。创新创业需要经历一系列的尝试、修正、反思和进步的体验，在这个过程中，学生可以基于个人丰富的经验，以及他人、社会等提供的反馈，帮助自己更客观地认识自己及所处社会环境，明确学生自身的优劣势，以及面临的机遇和挑战，及时地调整自己的期望和目标，修正自己的方式方法和战略策略，有效提升自己的效率效果。换言之，无论是否最终把创新创业作为自己的职业定位，学生接受创新创业竞赛训练等都有助于反馈学生的人生规划的合理性与可行性，促进学生在深入认识自身及社会的基础上，修正和完善自己的人生规划。

下　篇

实践篇

第四章　洞察创新创业机会

第一节　新工科创新创业机会的内涵

没有机会也就没有创业，创业机会是创业实践的核心内容。在机会意涵的理解方面，基于静态分析角度，我们可以认为创业机会即创办新企业或既有企业开辟新业务的恰当时机。[①] 基于动态分析角度，我们又可以把创业机会视为创业意念萌发到创业行动开展的一系列连续性过程，强调创业机会的过程演化及动态调整。[②] 在机会类型的理解方面，我们可以基于不同视角寻找不同的答案，如从企业利益角度，机会可被划分为盈利性机会与可行性机会[③]；从机会开发程度角度，机会还可以结合潜在市场价值与创业者创业能力来分类分析[④]；等等。在机会来源的理解方面，

---

①　王朝云：《创业机会的内涵和外延辨析》，《外国经济与管理》2010 年第 6 期。

②　Dimov D. , "Beyond the Single-person, Single-insight Attribution in Understanding Entrepre-neurial Opportunities," *Entrepreneurship Theory and Practice*, 2010, 31（5）: 713-731.

③　王建中：《创业机会、资源整合能力与创业绩效：一个概念性框架的构建》，《中国市场》2011 年第 46 期。

④　Ardichvilia A. , Cardozo R. N. , "A Model of the Entrepreneurial Opportunity Recognition Process," *Journal of Enterprising Culture*, 2000, 8（2）: 103-119.

存在两种悖论视角：一是发现视角①，二是创造视角②。前者把机会看作创业情境中的给定对象，创业主体基于对当前市场信息的基本认知，对创业机会进行识别与利用；后者则认为机会是被创造出来的，创业机会不是稳定存在于创业情境中，机会产生的过程需要具有创造力的个体进行干预。当前，理论界的主流观点一般不把两种理论视角下的创业机会视为"水火不容"的关系，而认为创业活动中发现型及创造型机会开发模式兼存。③

新工科创新创业机会具有上述一般创业机会的内涵，与此同时，新工科的本质在于"新"，新工科创新创业机会应着力从"新"着手，无论是机会发现或是机会创造的过程，理应体现国家战略发展的新需求、国际经济社会发展的新变化、科技革命及产业变革的新趋势（见图4-1）。

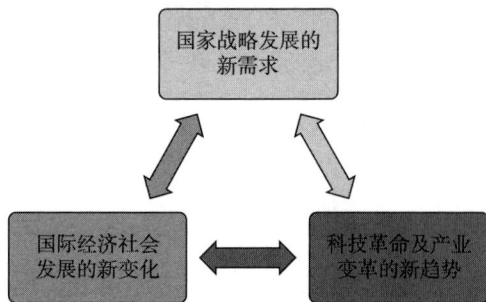

图4-1　"新"的内涵

---

① Suddaby R. , Bruton G. D. , Sis X. , "Entrepreneurship through a Qualitative Lens: Insights on the Construction and/or Discovery of Entrepreneurial Opportunity," *Journal of Business Venturing*, 2015, 30（1）：1 - 10.

② Alvarez S. A. , Young S. L. , Woolley J. L. , "Opportunities and Institutions: Aco-creation Story of the King Crab Industry," *Journal of Business Venturing*, 2015, 30（1）：95 - 112.

③ 王渊、郑佳楠、姜玮玄：《创业机会研究展望：基于文献计量的分析》，《科技管理研究》2021年第19期。

第二节　如何阐释新工科创新创业机会

在新工科创新创业竞赛训练中，参赛团队如何清楚地阐释项目创业机会是至关重要的。以下是有助于达成这个目标的几个关键技巧。

第一，明确问题。任何新工科创新创业竞赛训练的参赛团队，都要向他人清楚地描述项目旨在解决的市场问题或社会问题。这就要求参赛团队指出该问题的现实背景及现状、该问题对目标市场的影响以及为什么此问题值得被解决。参赛团队按照这样的阐述思路，将逐步揭示参赛项目的市场需求和潜在机会，形成清晰的脉络。

第二，深度剖析目标市场。参赛团队力争通过定量与定性相结合的市场研究方法，详细分析新工科创新创业竞赛训练项目的目标市场，在商业计划书中提供同行业或相似领域的市场数据分析结果，包括目标市场规模、增长趋势、竞争态势、目标市场消费者行为以及任何其他与参赛项目市场前景相关的关键指标。

第三，梳理竞争优势。参赛团队可以从项目技术、资源禀赋及政策背景等多维度，如实地评估自身项目竞争对手以确定自身优势，突出参赛项目与竞争对手相比的独特性，向投资者及其他社会行为主体解释为什么市场会倾向于选择自己的产品或服务。

为了更好地明确问题、深度剖析目标市场及梳理竞争优势，需要开展一定的市场分析工作。主要的分析策略及工具，一是PEST 分析法（宏观环境分析法）。其中，P 是政治（politics），E 是经济（economy），S 是社会（society），T 是技术（technology），也就是说，PEST 分析法综合考虑了政治、经济、社会和技术等外部环境因素及其对目标市场产生的组态效应，这有助于参赛团队识别风险和机会，并制定相应的公司战略及营销策略。二是 SWOT 分析法（企业内外部环境分析法）。其中，S 是优势（strength），W 是劣势（weakness），O 是机会（opportunity），T 是威胁（threat），SWOT 分析法是评估企业或产品在特定市场环境下的内部优势与劣势、外部机会和威胁，有助于参赛团队制定适应市场竞争的经营战略。三是市场细分与目标市场选择策略。参赛团队通过将市场划分为若干具有相似需求特征的细分市场，随后选择最具吸引力的目标市场，可以帮助团队更精准地满足不同细分市场的需求，并提高市场份额。目前，较为通行且可操作性强的方法是 STP 战略分析方法，其中，S 是市场细分（segmenting），T 是目标市场选择（targeting），P 是定位（positioning）。四是市场定位与差异化策略。参赛团队通过确定企业或产品在目标市场上的独特定位，使其与竞争对手产生区分度，这有助于建立品牌形象，吸引目标客户群体，并实现持续竞争优势。五是竞争对手分析。参赛团队对竞争对手进行全面的调查及分析，了解相关产品的定价、营销策略等情况，这有助于发现竞争优势和劣势，并采取有力的针对性措施应对竞争。六是市场需求与供给分析策略。参赛团队通过分析市场需求与供给之间的关系，了解市场消费者对产品或服务的需求程度以及供给方的能力和意愿，帮助确定市场平衡价格和数量。

第三节 案例介绍与启示

本节以获得第八届中国国际"互联网+"大学生创新创业大赛国赛银奖的作品《木炎科技——替抗饲料开创水产养殖新时代》为例进行了分析。

一 痛点分析

(一) 抗生素难题

水产养殖多采用传统的抗生素养殖方法，滥用抗生素来预防和治疗鱼类疾病。然而抗生素的滥用不仅使得水产品中有过量的抗生素药物残留危害人体健康，也使得当地水体受到了污染。同时，抗生素的滥用容易使得细菌对抗生素产生耐药性，降低药物治疗效果，当养殖户为了达到药物效果而加大药物使用量，细菌的抗药性也愈发增强，由此形成恶性循环。

2019 年农业农村部发布 194 号公告，宣布中国自 2020 年 1 月 1 日起全面禁止饲料添加抗生素。抗生素的限制无疑给乡村水产养殖业带来了挑战，因为一旦停止使用抗生素，鱼类死亡率就会提升，渔农的利益就会受到损害。但目前在市场上主要用改善营养类的有机酸、维生素，促生长类的益生菌、酸化剂，提高免疫类的中草药、抗菌肽代替抗生素，使用单一产品的效果是有限的，想要达到全面的效果只能叠加使用，成本较高。目前，市场上缺乏一种能够全面替代抗生素的产品，养殖户负担较重。

（二）量效控制难

植物精油制成的饲料添加剂对用量有着极高的要求：用量过多导致饲料适口性差，鱼的进食量减少导致鱼的产量下降；用量过少导致功效降低，达不到理想效果。

（三）肠道吸收难

添加有植物精油的饲料在被鱼类食用后，植物精油在鱼的胃中汽化，导致胀气，不利于饲料中营养成分的吸收。

（四）性状稳定难

植物精油为油性物质，具有很强的挥发性、氧化性，遇光遇热都很容易挥发。直接向饲料中添加植物精油或向水塘中泼洒，会导致植物精油以极快的速度挥发，从而失去效果，难以稳定留存。

二　技术介绍

针对目前行业内的以上四大痛点，团队与广东工业大学轻工化工学院合作，自主研发植物精油复配和微胶囊包埋技术，联合运用栅栏技术、乳化增溶技术，研发出"木炎素2号"植物精油饲料添加剂并能够完全替代抗生素。

在研发过程中，技术人员累计对117种植物进行了抑菌性能测试，最终得到20种具有较强抑菌性能的植物提取物，发现以肉桂精油为主的三种植物精油抑菌效果良好，其中的抑菌功效是通过改变病菌细胞结构、改变菌丝体结构与破坏细菌繁殖来实现的，对致病细菌有显著的抑制效果，而且不会使细菌产生抗药性，可以完全代替抗生素的效果。而复配的植物精油功效相较于单种植物精油的抑菌效果更好。同时，经过微胶囊化处理的精油胶囊，能够实现有效成分在鱼的体内释放，更有利于鱼的消化吸收，大大提高了产品的功效，并且不会污染水质，不会传播病害。

为解决产品使用量效控制难的问题，团队运用了食品防腐保鲜理论：栅栏技术，通过临时和永久性地打破微生物的内平衡，从而抑制微生物致腐与产毒，保持品质。利用精油分子、酸化剂、芳香气味分子等多因子复配协同，改善风味，增强抑菌功效。

为解决肠道吸收难问题，团队运用了乳化增溶技术增强精油分子溶解性，微胶囊饲料进入肠道后包囊破裂，释放出乳状营养成分，利于肠道充分吸收，肠道吸收效率提高 80%。

三　市场分析

（一）宏观环境分析（PEST 分析）

利用有利的宏观因素，便于我们将植物精油替代抗生素技术能够更好地运用在养殖业当中，同时也能与养殖企业及饲料公司达成深度合作，帮助其建立起新的经济运作模式，在实现经济效益的同时，达到乡村振兴发展的目标。下面我们将从植物精油、鱼类养殖、水产品销售的政治、经济、社会及技术这四个环境中展开分析。

1. 政治环境（P）

第一，国家颁布减少抗生素，增加植物提取物在动物饲料中的应用等相关政策。

2020 年 10 月 27 日，农村农业部发布《对十三届全国人大三次会议第 4113 号建议的答复》，指出农村农业部高度重视兽用抗菌药综合治理工作，明确提出从 2020 年开始，停止生产进口促生长类药物饲料添加剂（中药类除外），停止生产含有促生长类药物饲料添加剂（中药类除外）的商品饲料。我国将继续全面推进药物饲料添加剂退出行动，深入开展畜禽、水产养殖兽用抗菌药使用减量化行动试点，落实养殖者的主体责任，科学、规范、减量使用兽用抗菌药，促进养殖业健康发展。

2017 年 7 月 20 日，农业部印发《全国遏制动物源细菌耐药行动计划（2017~2020 年）》，指出由于抗生素的滥用，兽用抗菌药物毒副作用和残留超标有加剧的风险，严重威胁畜禽水产品质量安全和公共卫生安全，给人类和动物健康带来隐患。为了解决该类问题，我国将从以下六个行动进行出发：实施"退出行动"，推动促生长用抗菌药物逐步退出；实施"监管行动"，强化兽用抗菌药物监督管理；实施"监测行动"，健全动物源细菌耐药性监测体系；实施"监控行动"，强化兽用抗菌药物残留监控；实施"示范行动"，开展兽用抗菌药物使用减量化示范创建；实施"宣教行动"，加强从业人员培训和公众宣传教育。

2020 年 11 月 18 日，农业农村部发布《对十三届全国人大三次会议第 5952 号建议的答复》，指出我国将进一步加快中药材及天然植物提取物进入饲料作为替抗新品种，并从以下五个方面建立新品种饲料添加剂审批绿色通道和减免有关安全性评价材料：一是为申请人提供审批事前咨询服务；二是减少新产品评审材料要求；三是根据不同产品类型和特性，更有针对性地制定评审要求；四是优化评审工作流程；五是增加评价试验机构。2015~2019 年与饲料抗生素相关的重要政策文件如表 4-1 所示。

表 4-1　2015~2019 年与饲料抗生素相关的重要政策文件

时间	部门	政策文件	具体内容
2015 年 9 月	农业部	中华人民共和国农业部公告第 2292 号	食品动物中停止使用洛美沙星、培沙星、氧氟沙星、诺沙星 4 种兽药
2016 年 7 月	农业部	中华人民共和国农业部公告第 2428 号	停用硫酸粘杆菌素作为促生长饲料药物添加
2017 年 7 月	农业部	《全国遏制动物源细菌耐药行动计划（2017~2020 年）》	研发和推广低毒、低残留新兽药产品 100 种，淘汰高风险兽药产品 100 种
2017 年 6 月	中国兽药典委会	《关于建议停止氨苯胂酸等 3 种药物饲料添加剂在食品动物上使用的公示》	停用氨苯砷酸、洛克沙胂以及隆乙醇作为药物饲料添加剂
2018 年 7 月	农业农村部	《关于印发农业绿色发展技术导则（2018~2030 年）的通知》	研发一批绿色高效的功能性肥料、生物肥料、新型土壤调理剂，低风险农药、施药助剂和理化诱控等绿色防控品，绿色高效饲料添加剂、低毒低耐药性兽药、高效安全疫苗等新型产品
2019 年 7 月	农业农村部	中华人民共和国农业农村部公告第 194 号	自 2020 年 1 月 1 日起，退出除中药外的所有促生长类药物饲料添加剂品种。自 2020 年 7 月 1 日起，饲料生产企业停止生产含有促生长类药物饲料添加剂（中药类除外）的商品饲料

第二，国家颁布指导水产养殖绿色发展等相关政策。

2020 年农业农村部印发了《2020 年渔业渔政工作要点》。文件指出，要全面推进水产养殖业绿色发展，并从以下四个方面推进：推进规划编制发布和养殖证核发，推进水产健康养殖，强化产地水产品兽药残留监控，促进稻渔综合种养产业高质量规范发展。

2020 年，《中华人民共和国国民经济和社会发展第十四个五年规划和 2035 年远景目标纲要》为水产品发展指明了方向。该纲要指出，要聚焦稳产保供，推进水产养殖业绿色发展。"十四五"期间，我国将继续实施水产绿色健康养殖"五大行动"，开展健康养殖和生态养殖示范区创建，加强水生动物疫病防控，推动水产品苗种产地检疫全覆盖，保障水产品质量安全。推进养殖水域滩涂规划和养殖证核发，保障水产养殖业发展空间和渔民权益。

2. 经济环境（E）

中国宏观经济形势长期向好。尽管目前世界经济增长动能不足，地缘政治冲突和国际贸易摩擦频发等给世界各国经济发展带来了新的挑战，但我国加快培育新质生产力、持续释放宏观政策效应等，为多重考验下经济运行的稳中有进提供了坚实支撑。从经济增长来看，2024年上半年，我国国内生产总值（GDP）61.7万亿元，同比增长5.0%。从就业来看，2024年上半年全国城镇调查失业率均值为5.1%，比上年同期下降0.2个百分点。从物价来看，2024年上半年居民消费价格指数（CPI）同比上涨0.1%，核心CPI上涨0.7%。从国际收支来看，2024年上半年货物进出口总额达21.2万亿元，外汇储备稳定在3.2万亿美元以上。从经济增长、就业、物价及国际收支这四大宏观指标观察我国经济运行状况，可见我国经济基本盘保持稳定。此外，我国经济已进入追求高质量发展阶段，经济发展涌现了不少新气象、新进展，为经济长期向好大势注入新动力（见表4-2）。

表4-2　我国经济发展新气象、新进展

事实概述	事实依据
新型工业化加快推进	以制造业为例，制造业更显绿色化、高端化、智能化。"十四五"前两年，我国规模以上工业单位增加值能耗累计下降6.8%。2024年上半年，我国规模以上高技术制造业增加值同比增长8.7%

续表

事实概述	事实依据
新型商业模式加速涌现	以消费互联网为例，直播带货、即时配送等消费业态层出不穷，2024 年上半年，带动实物商品网上零售额增长 8.8%，快递业务量突破 800 亿件
重大科技成就不断突破	比如，嫦娥六号完成世界首次月球背面采样返回、国产首艘大型邮轮投入商业运营等

　　随着全球大健康产业的蓬勃发展，人们更愿意购买健康绿色的食品，国际市场对植物医药和天然保健品的需求日益增加，中国产业信息网资料显示，我国大健康产业规模到 2022 年已达 12.73 万亿元。2021 年前三季度，全国居民人均可支配收入 26265 元，比上年同期名义增长 10.4%，同时全国居民人均消费支出 17275 元，比上年同期名义增长 15.8%，人们更有能力去追求高品质的生活，并且更愿意加大在健康食品上的消费。

　　我国精油行业规模不断扩大，植物精油替抗市值不断上升。北京研精毕智信息咨询有限公司发布的《2024 年中国精油行业市场现状及发展趋势分析》显示，2014～2019 年我国精油行业市场规模持续扩张，2017 年市场规模为 43.3 亿元，同比增长 28.52%，2019 年市场规模则已达 69.4 亿元，同比增长 22.47%。华经产业研究院编制的《2024～2030 年中国精油行业发展监测及投资战略规划报告》显示，2023 年中国精油行业市场规模已超过 100 亿元。换言之，中国精油市场规模长期展现成长态势。而关于植物精油行业，中研普华产业研究院数据显示，随着下游医疗、饲料、日化等领域的需求增长，中国植物精油市场规模呈现逐渐扩大的趋势。2018 年为 7.91 万吨，同比增长 18.46%。2020 年，精油的整体产量已经达到 8.64 万吨，整个行业的产量正处于逐步增长的态势。植物精油替抗市值规模将突破 20 亿元。

我国饲料产量产值不断上升，饲料添加剂总产值也不断攀升。从奥特奇发布的《农业食品展望 2024》报告所披露的数据看，2023 年全球饲料产量达 12.9 亿吨，而这其中产量近一半集中在中国、美国、巴西和印度四个国家。我国自 2018 年以来，饲料产量经历了先降后增的发展历程，到了 2023 年，全国饲料工业实现产量、产值双增长，全国饲料工业总产量达到 2.93 亿吨，近十年累计增长 66.3%，总产值达到 1.40 万亿元，累计增长 89.9%。随着饲料禁抗政策的落地和养殖产业链减抗措施的持续收紧，替抗产品总体需求和市场空间将逐步打开，之前便有研究机构预测，2021 年替抗空间达到 2000 万吨，其中有 30% 的替抗市场份额属于植物精油领域。

我国水产饲料需求量稳步增长，广东成为生产水产饲料的主要地区。近年来，由于我国水产养殖量提升，水产饲料需求量稳步增长，自 2013 年起，我国饲料行业整体进入存量调整期，逐渐向集约化、规模化方向发展。统计数据显示，2023 年，我国饲料总产量约为 2.93 亿吨。从饲料的产品结构来看，我国水产饲料总产量为 2344.4 万吨（见表 4-3）。从地区分布情况来看，水产饲料的主要生产地区为我国的广东、江苏和湖北等地。根据华经产业研究院发布的《2023~2028 年中国水产饲料行业市场深度分析及投资战略研究报告》，2022 年，广东省水产饲料产量为 8049959 吨，占全国总产量的 34.34%，江苏省和湖北省分别占比 16.29%、12.01%。

表 4-3　2020 年、2023 年全国工业饲料生产情况

项目	2023 年	2020 年	2023 年比 2020 年增长（%）
全国饲料工业总产值（万元）	140183000	94633135	48.1
全国饲料添加剂总产值（万元）	15056000	9329245	61.4
全国饲料总产量（吨）	293443275	252760675	16.1
全国水产饲料总产量（吨）	23444000	21235817	10.4

3. 社会环境（S）

　　随着人们对绿色食品的青睐程度日益提升，替抗有关技术迅速发展。随着中国国民经济的显著增长和全球经济的一体化发展，以及中国从"温饱"型社会向"小康"型社会成功转型，人们对农产品和食品质量的要求越来越高，尤其是对无公害食品、绿色食品的要求越来越高。从行业发展上看，目前国内绿色食品市场总体上仍处于导入期。随着我国人民生活水平的提高和消费理念的转变，以及环境污染和资源浪费问题的日益严峻，有利于人们健康的无污染、安全、优质营养的绿色食品已成为时尚，越来越受到人们的青睐。未来，无论是在国内还是在国外，绿色食品的开发都有着巨大的市场前景。而与绿色食品直接挂钩的替抗技术也将迎来快速发展，旨在助力绿色食品能够稳定发展。

　　抗生素在畜牧业、水产养殖业中被长期大量不合理使用导致药物残留、细菌耐药性等问题，严重影响了畜牧、水产品的质量和人们的食品安全（见图 4-2）。为了解决抗生素滥用对环境和人体的危害问题，我国政府部门多次发文禁止使用多种抗生素，并发文鼓励全国积极研发绿色高效饲料。同时，含有抗生素的食品越来越难以得到市面上的认可，消费者对该类食品避而远之，

宁愿花更高的价钱也要去购买健康优质的食品，因此绿色食品才是未来消费者的消费所向。

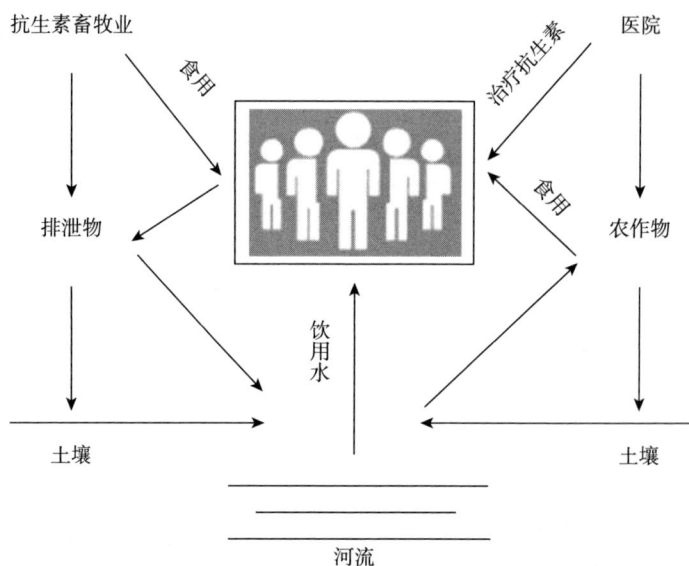

图4-2 抗生素恶性循环示意

　　饲料需求不断增长，饲料营收超 8000 亿元。目前，国内饲料主要用于养殖业，包括生猪、家禽、反刍动物、水产等多个方面，其是我国养殖业发展的重要支柱。2016~2020 年，我国饲料消费量在 2 亿吨以上，并且呈上升趋势。2020 年，我国饲料消费量高达 2.50 亿吨。

　　工业饲料消费量总体上呈增长态势。展望前期，受生猪产能影响，猪饲料消费波动强烈，其他畜禽、水产饲料消费量稳中有增。随着养殖结构的持续调整，养殖方式和养殖规模的持续优化，市场分工深化，养殖场自配饲料比例将不断减少，"饲料厂+养殖场"的合作模式使得定向定制饲料与散装散运成为未来主要的购销模式，饲料消费量仍将保持增长态势，预计 2025 年和

2029 年全国工业饲料消费量将分别增长至 26799 万吨、28053 万吨，与基期相比分别增长 17.6%、23.1%。

水产饲料低量增长。环保政策调控下，水产养殖水域面积保持基本稳定；随着养殖技术的提升，养殖密度和养殖量增大，养殖品种逐步从传统的家鱼向高档、特色养殖转变，饲料消费呈现多元化趋势，高端饲料消费逐渐增加，膨化饲料逐步取代颗粒饲料，预计 2025 年和 2029 年水产饲料消费量将分别达到 2243 万吨、2291 万吨，与基期相比分别增长 5.0%、7.2%。

4. 技术环境 （T）

栅栏技术：创新复配精油有效成分，增强抑菌功效，改善适口性。饲料添加剂在运用到饲料当中时，会产生量效难以控制的问题，用量高导致适口性差，用量低则导致功效弱，因此为了解决该问题，团队成员研发出栅栏技术，通过创新性的复配方式，有效地提高植物精油的抑菌效果，改善产品适口性差的问题。

微胶囊包埋技术：解决易挥发、易氧化难题，实现体内释放。在传统饲料添加制备的过程中，由于植物精油本身挥发性强、易氧化等特质，会导致其难以稳定地添加在饲料当中，造成有效成分的浪费以及成本的提高。而团队成员通过研发微胶囊包埋技术，将植物精油配以环状糊精，并使其微胶囊化，实现其在动物体内释放，大大提高产品功效和作用。

乳化增溶技术：增强精油分子溶解性，定点作用于肠道，促进肠道吸收利用。市面上大多是精油产品容易在动物的消化道内汽化，不利于动物对产品的吸收及利用，并且容易导致其产生胀气、消化不良等问题。团队针对这一现象研发出乳化增溶技术，大大增强了精油分子的溶解性，使得其可以被动物快速地吸收和利用。

（二）微观环境分析（SWOT分析与波特五力模型分析）

基于行业宏观环境分析和对企业内部系统的评估，现总结出以下SWOT战略矩阵分析，并根据不同的组合制定相应的战略，详细内容如下。

1. SWOT战略矩阵分析

（1）内部优势

技术专业化，精油产品针对现阶段精油替抗产品出现的三大问题进行解决，产品效果显著，能够大大提高鱼苗存活率及产品的质量。

（2）内部劣势

植物精油产品缺乏品牌知名度与原始客户。产品无法大规模地生产，只能先应用在小范围地区。产品不够多元化，适用场景局限。

（3）外部机会

国家出台禁止在饲料中添加抗生素的相关政策，并鼓励研发替抗产品。消费者消费能力不断提升，以及对绿色食品青睐程度不断提高。精油市值规模和饲料添加剂总产值不断攀升，替抗产品需求逐步打开。

（4）外部威胁

替抗产品种类多元，抗菌肽、生物发酵、有机酸已成为替抗产品中的实力选手。研发替抗产品企业众多，已有许多在该领域经验丰富的企业。目前，市场认可度不高，产品普及度小，用户使用率低。

（5）SO 战略

全面搭建农工贸一体化的产业模式，制定严格的养殖标准，完善水产品的销售渠道，研发相关深加工产品。优化项目商业模式，从与木炎公司合作开始，再不断向与更多养殖企业进行合作扩展。

（6）WO 战略

对产品深加工，延长产业链，使得产品价值更高，让企业获得更大的经济利益。后期在项目成熟后针对不同养殖业的特点，开发不同类别的精油产品，打造产品矩阵。

（7）ST 战略

加大对植物精油的研发投入，生产出成本更低、效果更好的产品。与其他知名企业达成合作事项，不断优化技术特性，提高产品竞争力。

（8）WT 战略

注重企业文化的培养，树立独特的品牌形象。密切关注用户需求和对手形势，升级产品与服务。

中国替抗产品市场处于日益攀升的阶段，随着近年来国家出台相关政策以及消费者需求的转变，无抗食品、绿色食品已然成为未来食品市场的大势所趋，目前市面上已经出现有相当知名度的企业，如广州市信农生物科技、广东溢多利生物科技、安迪苏生命科学制品等企业。但目前市面上的替抗产品主要应用在猪、蛋鸡等领域，水产养殖方面的替抗产品还存在较大的空白，同时将农工贸一体化作为商业模式的替抗企业，在市面上还未出现，因此木炎科技项目有较大的创新性，在利用植物精油解决量效控制难、性状稳定难、肠道吸收难三大问题的同时，还为其培养无抗鱼苗、构建无抗水产养殖标准，因此木炎科技项目仍有巨大的竞争能力。

2. 波特五力模型分析

根据波特五力模型对植物精油替抗行业进行分析。

（1）潜在进入者

行业壁垒较低，商业模式难以复刻。植物精油替抗行业门槛较高，需要有足够的资金以及核心的研发技术才能进入，同时现阶段，涉足植物精油替抗领域的企业众多，深耕时间久，其相对应的产品效益强、功能全，消费者会首选老牌企业的产品。

（2）供应商

议价能力适中。生产植物精油替抗产品的技术壁垒较高，项目还处于发展初期，品牌知名度较低，与市面上的龙头企业相比还不具备较大的竞争力，因此初期产品价格定位不得过高。

（3）需求方

多元型消费者。前期：此时项目规模较小、产能较低，因此生产出来的产品主要提供于文贝养殖公司，经济效益还不高。后期：在先行示范基地取得成果后，将产品不断更新升级，并与其他饲料公司进行合作，扩大产线产能，将销售对象丰富到更多的养殖户中去。

（4）替代品

替抗领域竞争激烈，供消费者选择的产品众多，现已出现龙头企业。自我国大力推进替代抗生素产品的应用，便有众多企业研发相关产品，如今市面上的替抗产品可分为四类：抗菌肽、植物精油、生物发酵、有机酸。不同的产品有不同的特性，同时丰富的产品也使得消费者在购买产品时选择更加多元化，促使企业研制出效果更好、价格更低的产品。

（5）行业内部竞争者

完善养殖—运输—销售的农工贸一体化服务。现替抗市场领域中专注于精油替抗的企业，大多数都难以解决量效控制难、性状稳定难、肠道吸收难的三大问题，而木炎科技替抗先锋通过研发出栅栏技术、微胶囊包埋技术、乳化增溶技术，很好地解决了这三大痛点，为绿色养殖开辟了新方法、新时代。

（三）竞争对手分析

1. 我国替抗赛道中企业

随着国家禁用多种饲料抗生素，我国饲料不含抗生素缺口较大。《科技日报》报道，目前，我国市场上大约有不到30%的饲料不含抗生素。随着2020年1月1日起我国在饲料中加快禁用抗生素进程，抗生素替代产品增长空间巨大。饲料抗生素的替代品包括生物饲料、酶制剂、肠道健康产品如益生菌等以及植物提取物、低聚异麦芽糖等（见图4-3）。而在替抗的市场中，已有许多发展态势好、市场前景大的企业。

荷兰罗帕法姆国际有限公司。该公司成立于1995年，是全球专业从事纯天然牛至精油产品研发、生产和销售的公司，也是全球少有的牛至草品种专利持有者。公司牛至草种植基地分布在荷兰和土耳其，自身拥有牛至庄园250公顷，并通过"公司+农户"合作方式扩展其他种植园250公顷，农户种植的牛至草，公司提供幼苗、田间管理模式和提取工艺以保证牛至油的来源和质量，公司生产基地通过荷兰饲料安全体系GMP+认证，保证生产过程产品的安全和稳定，其牛至精油系列产品获得欧洲Skal有机证书。纯天然牛至精油品牌自1999年进入中国以来，曾经作为

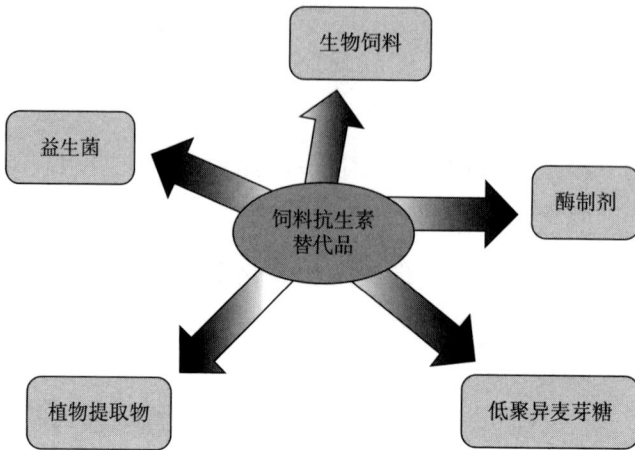

图 4-3　饲料抗生素替代品

168 公告中牛至油预混剂的标准产品，是市场上唯一一个由官方推荐促生长、预防和治疗用量的精油产品，2015 年被中国饲料行业信息网评选为植物精油类产品全国三强之一。20 多年的实践证明，该品牌通过抗菌、抗氧化和提高免疫力的功效来达到动物的整体健康。该公司授权汇海华茂（上海）实业有限公司为诺必达在中国地区的唯一指定运营商。汇海华茂的饲料替抗方案为植物精油诺必达+提高动物消化的有机酸+抑制动物肠道微生物的有机酸，具体为该品牌+复合酸化剂。

北京菲迪饲料科技有限责任公司。菲迪公司是一家专业研发生产畜、禽、水产用复合预混合饲料的高科技饲料企业，总部位于北京市海淀区，生产研发基地位于辽宁省兴城市。在国内，首家研发并获得过瘤胃产品生产许可，其中过瘤胃胆碱技术填补了国内空白，过瘤胃葡萄糖及过瘤胃维生素技术填补了世界空白，过瘤胃葡萄糖技术获得了国家专利。此品牌是该公司历经 15 年心血，从添加量、适口性、抑菌效果、稳定性等方面进行了大量研究得到的宝贵成果，一则其组方合理，优选原料纯度在 99% 以上；二则其采用了乳化增溶和独特的包被技术，生物利用度高，包得住放得出；三则其产品稳定性好，存留率高；四则其依托 2 万个颗粒/克，产品流散性好，保证混合均匀度；五则其治疗小猪腹泻效果明显，800~1000 克/吨，2 天见效。

广州市信农生物科技有限公司。该公司成立十余年来，一心专注于植物提取物（特别是植物精油）替代饲用抗生素的研发与推广，从未涉足过其他领域。公司产品以功能性添加剂为主，畜禽水产兼用，绿色健康，顺应时代发展方向，从初期的市场摸索、技术研发、产品验证，到目前已与国内多家知名企业紧密合作，植物精油产品有以下特征：科学的植物提取物的配比，提取精油工艺不同，对小肠绒毛有效保护。其公司产品主要包括新一代植物源活性抑菌促长剂、饮水型添加剂、新型护肠促长剂、抗菌促长剂，并致力于成为一流的功能型饲料添加剂研究型企业，让全球养殖动物因其产品和服务而健康。

广东溢多利生物科技股份有限公司。该公司成立于 1991 年，其专注于生物工程领域，研发并形成了生物酶制剂、生物医药、动物营养与健康三大系列产品线，同时为行业客户持续提供整体生物技术解决方案，是国内最大的饲用酶制剂生产商，全球极具竞争力的甾体激素医药企业，中国动物营养与健康领域领军企业。其公司的业务主要分为生物酶制剂、生物医药和动物营养与健康。在其饲用替抗产品中推出了五项技术产品：产品一具有抗炎、整肠、促生长等功效，能改善动物健康，提高生产性能；产品二具有消炎、促生长、抑菌、缓解霉菌毒素毒害功效；产品三具有替抗促生长、改善肠道微生态平衡的功效；产品四具有替抗促生长、引领无抗养殖、耐热升级、提升饲料品质等功效；产品五是能快速供能、修复肠道、优先的替抗组合方案产品之一。其以卓越的产品与服务满足客户需求，不断提升人类生活品质，为全球共同面临的发展难题提供有效的解决方案。

安迪苏生命科学制品（上海）有限公司。该公司是全球领先的动物营养添加剂生产企业，其主要产品在全球市场上处于领先地位，在全球各地设有分支机构，依赖于其分布在欧洲、美国、新加坡和中国的 10 个研发中心和生产基地，为动物饲料领域设计、生产、推广可持续的营养解决方案。

2. 木炎科技与其他公司对比

通过网络调研对替抗产品进行分析发现，本项目正处于起步阶段，待到稳定、成熟还需要一段时间，目前市场上在研究替抗方面产品的公司有很多，也有相应成熟的技术，但精油量效控制难、性状稳定难、肠道吸收难三大问题还没有解决，而木炎科技替抗团队耗时五年研发出的栅栏技术、微胶囊包埋技术、乳化增溶技术，创新性地解决了这些问题，很好地为养殖企业搭建了无抗水产养殖标准，开创了绿色养殖新时代。

相比之下，木炎科技的"木炎素 2 号"产品应用了自主研发的三大核心技术，完美解决了上述行业内存在的三大痛点，且产品的效益已经完全超过了荷兰进口的产品；木炎科技也在原料使用方面另辟蹊径，主要应用肉桂，使得产品的成本大大低于其他替抗产品，市场的价格也降低了 42%，真正在行业内实现了"降本增效"（见表 4-4）。

表 4-4　公司对比

公司名称	业务范围	优点	缺点
荷兰罗帕法姆国际有限公司	是全球最大的唯一专业从事纯天然牛至油产品研发、生产和销售的创新型公司	没有残留，无副作用，与任何抗生素和其他饲料添加剂无配伍禁忌	价格昂贵
北京菲迪饲料科技有限责任公司	主要拥有植物精油应用技术、三丁酸甘油酯应用技术、单宁酸应用技术、预混料应用技术	产品技术源于荷兰罗帕法姆公司，技术成熟稳定，效果显著	价格昂贵
广州市信农生物科技有限公司	植物精油的提取制作	专注植物精油方面相关产品的研发，专业化程度高	业务范围狭小，产品种类不够多元
广东溢多利生物科技股份有限公司	生物酶制剂、生物医药、动物营养与健康三大产品线	产品种类多，技术研发成熟，具有完整的产业生态以及核心的研发技术	暂无
安迪苏生命科学制品（上海）有限公司	产品业务和服务业务，核心产品主要有七类	业务范围广，核心技术壁垒高，研发产品种类多	暂无
广州木炎生物科技有限公司	植物精油替抗技术，无抗饲料添加剂、无抗水产饲料，无抗鱼苗、无抗养殖	杀菌抑菌功能、诱食和促生长功能、抗氧化功能，改善动物的生长性能和肉类品质，集中于水产养殖替抗方面	品牌知名度较低，市场竞争力较弱

四　案例启示

本节以获得第八届中国国际"互联网+"大学生创新创业大赛国赛银奖的作品《木炎科技——替抗饲料开创水产养殖新时代》为例进行了分析。该项目的核心产品是无抗饲料添加剂，聚焦天然植物精油替代抗生素研发这一方向，根据植物精油在替抗领域的应用痛点进行技术改良，实现了植物精油在饲料生产中的大规模应用，开创水产养殖无抗领域新时代。

参赛团队在商业计划书中，通过"痛点分析""项目背景与市场分析""技术介绍"等篇章，阐述了参赛项目的创业机会。该商业计划书能够围绕项目的核心技术、核心产品与目标市场，一针见血地指出市场痛点，并充分利用权威数据或其他形式的例证，以 PEST 分析方法、SWOT 分析方法、波特五力模型分析方法及市场竞争态势对比分析方法等，系统地剖析了项目创业机会所处的宏观环境、中观环境及微观环境。

第五章　组建创新创业团队

第一节　新工科创新创业竞赛训练团队的组建

影响创新创业失败的因素可能有千百种，令人惋惜的是，有些团队的失败不在于外部竞争环境，而是内部团队的问题。[①] 通过合理地组建团队，可以为新工科创新创业竞赛训练项目取得成功奠定坚实的基础。

首先，确立团队初始核心。在一个团队的组建初期，必须拥有一个初始的核心成员，他往往是项目的组织发起人或者第一个分享项目想法的人，这个人具有一定的人格魅力，能够较大程度地感染他人，激发他人的思考，并动员大家在创新创业过程中共同迎接挑战。[②] 在具体的实践过程中，确立团队初始核心的意义还在于，由特定的核心主导主体高效率地牵头制定并落实一系列团队创新创业制度，包括股权设计、职能分工及

---

①　孙继伟、邓莉华：《创业团队冲突导致创业失败的探索性研究》，《科技进步与对策》2021 年第 17 期。

②　朱仁宏、曾楚宏、代吉林：《创业团队研究述评与展望》，《外国经济与管理》2012 年第 11 期。

其他行为准则。

其次，提升团队领导力。在一个组织当中，我们除了关注领导者是谁，我们更关注领导者是否具有强大的领导力。[①] 从一个团队普通成员的视角，看到的领导力不外乎有这样几种情形。其一，领导力来源于"组织强授"，也即是说，从进入这个组织开始，这个领导者就是组织安排给你的上级领导。其二，领导力来源于"报酬权"。概言之，领导者以物质报酬雇用了你。其三，领导力来源于"技能魅力"。具有较强专业能力的领导者，虽然未能为团队中普通成员提供丰厚的物质奖励，但仍有一些成员会因其技能魅力而折服，愿意听从其差遣、跟随其学习。其四，领导力来源于"布道者般魅力"。这样的领导者具有超高情商，他的品行、言语及气质等极具凝聚力，能够吸引一批"信徒"的追随。

在新工科创新创业竞赛训练情境下组建团队，有几个关键点需要注意。

技能与能力的匹配。确保团队成员具有不同学科知识背景或技能，且与创新创业训练项目需求相匹配。每个人都应该有自己的专长，能够为项目提供有价值的贡献，这样才可以提高团队整体效能。

高效沟通及合作能力。招募具备良好沟通和协作能力的团队成员，支持他们有效地交流想法、解决问题并协调行动。团队成员之间的紧密合作，可以提升工作效率，并且促进团队的协同创新。

---

① 吴维库：《葡萄树结构：团队领导力的解析》，《领导科学》2015 年第 35 期。

时间管理和责任分配。团队成员应该具备良好的时间管理能力，能够合理分配任务和责任。每个人都应该明确本职工作，并按时完成任务，以确保项目能够按计划进行。

相互信任和支持。团队成员之间应该建立相互信任及支持的良好关系。他们应该互相尊重，愿意倾听他人的意见，并给予积极的反馈和支持。这种信任和支持可以增强团队的凝聚力，提高团队的创造力和创新能力。

共同的愿景和目标。团队成员应该对于创新创业训练项目有共同的愿景和目标，他们应该相信项目的潜力，并且愿意为之付出努力。这种共同的理念可以增强团队的凝聚力，推动项目持续发展。

综上，组建团队建议要优先做好以下方面的工作：角色分工及人选匹配、股权结构及其他激励、团队文化建设等。

第二节　新工科创新创业竞赛训练团队的治理

新工科创新创业竞赛训练具有跨学科、跨领域等特征，整个创新创业训练过程体现多元性、复杂性。为了创新创业活动的正常开展及健康发展，必须确保创新创业团队建立适合自身实际情况的团队制度。其中，着重关注构建团队治理结构和治理机制作为团队制度的基础。

本节采取了访谈法进行研究，通过对五位领导团队冲刺高水平赛事并获奖的团队主要负责人进行访谈，对相关议题展开分析。受访者背景及议题分析结果如下。

受访者背景：CSW 同学，曾在中国国际"互联网+"大学生创新创业大赛中作为主要负责人之一领导团队斩获产业赛道国赛金奖；WSH 同学，曾在中国国际"互联网+"大学生创新创业大赛中作为主要负责人之一领导团队斩获国赛银奖；LJX 同学，曾在全国高校商业精英挑战赛中作为主要负责人之一领导团队斩获全国一等奖/最佳创意奖；LJQ 同学，曾在中国国际"互联网+"大学生创新创业大赛中作为主要负责人之一领导团队斩获国赛银奖；ZBY 同学，曾在"挑战杯"广东大学生课外学术科技作品竞赛中作为主要负责人之一领导团队斩获省赛特等奖。

相关议题主要包括以下四个方面。

一 团队治理的必要性及困难点

以"您认为团队治理（如关系治理、监督治理等）有必要吗？""在您作为团队负责人期间，您都存在哪些团队治理的困惑或难点？"等问题作为观测题项。

五位受访者均明确表示团队治理"非常有必要"，其中，CSW 指出："团队如果治理效果不好，会导致大家的目标不一致，团队的整体性会不足，很容易成为一盘散沙。"而团队治理并非易事，两位受访者结合自身经验，认为团队治理的主要难点，一是团队成员能力与其承担的责任不匹配时，导致项目运作陷入僵局。比如，对于参加新工科创新创业竞赛训练的学生团队来说，具有制作商业路演 PPT 的能力是至关重要的，如果一个团队中没有会做 PPT 的成员或者成员的制作水平不足，那就容易导致项目的关键信息表达、呈现方式等受到影响。二是参赛团队各项工作负责人缺乏应有的领导力，直接导致团队内部管理混乱。WSH 同学细述了自己团队过往各部门的主要负责人存在的各种复杂情况，如有同学踏实、稳重，但不善于沟通，或是能沟通但是办事能力稍微欠缺。上述情况都会导致项目的阶段性推进不顺畅，团队内部治理混乱等问题。三是职能分工不合理，团队内部凝聚力受到挑战。比如，工作分工不协调或互助精神不够，有的人工作任务又紧又急，有的人却"浑水摸鱼"，内部矛盾就会沉淀、激化。又如，每个团队成员的工作习惯、时间安排、兴趣爱好等都各不相同，如果不依据大家的不同情况进行科学、合理的分工布置，团队人力资源就难以最大化利用。

二　团队协作的方式方法

以"团队协作有没有遇到什么困难，您作为团队负责人是怎么处理的？""不同专业背景的成员如何高效沟通，您有什么可供借鉴的经验？"等问题作为观测题项。

五位受访者在回答上述问题的过程中，有几个高频被提及的经验做法。其一，在创新创业团队建立之初，举行团队破冰活动至关重要。要想方设法让团队成员之间彼此熟悉起来，从而建立默契。刚开始的时候可以是大家经常坐一起吃饭，大家一起围着一张 A2 大白纸开展头脑风暴等，都能产生蛮好的交流效果。其二，明确团队主副关系及工作分工，优化团队关系结构。团队内部的情感互动可以是平等的，但为了提升沟通效率及决策效率，在项目运行过程中必须让能力突出的人主要负责关键性工作，而能力尚且欠缺的人从事协助性工作，如开会做会议纪要、时间节

117

点管理等。其三，建设学习型团队，而且团队责任人应当发挥"通才"角色。首先，不同专业背景的成员遇到不明白的问题可以请教相关专业的成员，是一个学习与被学习的良性循环过程。其次，不同专业背景的成员之间需要多主动交流，相互探讨与指导，帮助对方理解，这也是培养默契的过程。更关键的是，团队负责人需要作为"通才"，对不同专业的知识有初步的了解，并且参与到不同专业背景的成员的交流之中，当他们交流受阻时能及时起到"翻译"作用。其四，建立一套较为固定的工作模式，探索工作交流的标准化操作流程。充分考虑团队成员的学习、工作习惯有所不同，在保留大家各自习惯的前提下固定团队的工作模式，避免因为习惯不同而降低工作效率。比如，有的人希望白天工作，而有的人希望晚上工作，团队负责人可以与大家共同制定，每天的23：30为工作任务的截止上交时间，无论大家是白天工作还是晚上工作，只要在规定的时间内上交即可。换言之，以给予大家一定的自由度为前提，制定一系列标准化操作流程。

三　团队分歧的化解处理

以"当团队发生意见分歧的时候，您作为团队负责人是如何处理的？""团队的最终决策一般是谁来做？"等问题作为观测题项。

五位受访者指出，当团队出现意见分歧时，一般是优先让如下两类人达成共识：团队主要负责人、具有团队某方面不可或缺的能力的关键成员。只要团队内这两类人能够齐心协力，团队的基本运作就能维持稳定，项目运作结果也能有一定保障。如果团队中的学生对分析利弊及拿定主意缺乏自信，也可以寻求具有更高权威的人的意见（如指导老师、专家等）。

四 团队情感的有效维系

以"作为团队的主要负责人，是怎么维系团队成员之间的情感和战斗力的？"等问题作为观测题项。

有受访者的观点颇具代表性。团队负责人本身首先就需要具备吃苦耐劳的精神，拥有强大的战斗力与意志力，并且在工作的过程中能够迸发出能量，以此来带动身边队员。其次，团队负责人需要擅长规划，必须把握各个时间节点与推进节奏，这样可以帮助团队建立阶段性目标，有利于延续团队成员的战斗力，保持兴奋感。再次，在"大"的阶段性目标完成后，团队成员之间应该一同分享成功的喜悦，感受团队协作带来的乐趣。团队负责人还应该与团队成员一起及时地开展阶段工作总结，积累经验、磨合默契，为下一阶段的团队合作蓄力。最后，可以根据实际情况设置股权激励方案，同时关切团队成员的风险感受，明确告知团队成员项目潜在的风险及其应对方式、成员退出机制等。此外，一些团建典型做法有，设立团队成立周年纪念日，每年都会隆重举办，让团队成员大吃大喝一次；设立团队铁粉群，凡是为团队作出了较大贡献的成员均可加入，属于"校友中的校友"了；重视团队送旧仪式，比如，团队群在毕业季的时候会下"红包雨"，送团队的师兄师姐毕业离校；等等。

第三节　案例介绍与启示

一　奥蕾蓝光——优质 OLED 深蓝光材料技术解决方案供应商

（一）核心成员

该创业团队由 38 名成员构成，包括本科生 8 人、硕士研究生 24 人及博士研究生 6 人。38 名成员分别负责研发、市场、财务、管理等方面。

团队总负责人 CSW，广东工业大学材料与化工硕士，从事 4 年的高效饱和非掺杂的深蓝光 OLED 材料的方法学研究，1 项国家发明专利，1 篇 SCI 高水平论文，提出利用二苯基氧磷取代菲并咪唑类化合物，掌握 8-羟基喹啉金属配合物研发技术，广东工业大学—阿格蕾雅联合研发中心深蓝光材料研究组组长，曾前往德国、泰国、马来西亚参与国内外学术交流 11 次。主导项目：广东省科学院试点项目、广州天赐横向项目、和辉光电横向项目。曾荣获 iCAN 原创精英创新创业大赛中国赛区第一名，代表中国前往柏林进行项目交流，广受好评；在"赢在广州"创新大赛赢得一等奖与 10 万元的创业资金，并接受多家媒体采访；同时，荣获金砖国家青年创客大赛二等奖、粤港澳大湾区创新创意节青年创意奖、青蓝计划二等奖、全国大学生节能减排社会实践与科技竞赛一等奖等荣誉。

团队研发负责人 QZP，华南理工大学发光材料与器件博士，从事高效饱和非掺杂的深蓝光 OLED 材料的研究长达 6 年，作为核心研发人员参与过蒸镀的设计研发，熟悉真空蒸镀工艺所需的各种材料及器件设计方法。近期主要科研经历如下：2018 年成功运用 8-羟基喹啉金属配合物研发技术，2019 年以第一发明人申请国家发明专利一项，2019 年运用吡啶咪唑酮热活化延迟荧光材料取得重大突破，2019 年以第一作者发表 SCI 三区论文，2020 年以项目参与者的身份获批国家自然科学基金，2020 年以第一作者发表 SCI 一区论文。

团队运营负责人 CGW，广东工业大学化学工程与技术硕士，从事高效非掺杂的深蓝光 OLED 材料的研究长达 5 年，目前以第一作者身份申请发明专利 4 项，发表 SCI 论文 4 篇，作为负责人或者核心成员主持 2018 年大学生创新创业训练项目创新类省级项目、2019 年广东大学生科技创新培育专项资金、2019 年大学生创新创业训练项目创业实践类省级项目、佛山顺德创新创业公益基金"和创未来种子资助计划"项目。

其他队员在材料研发、营销推广以及财务管理等方面也有实战经验。

团队技术负责人 TJH，香港城市大学博士，主攻结构活性 D-A 热活化延迟 TTA 三重态激子荧光材料，已发表 SCI 收录论文 7 篇，国家基础学科一流人才培养计划，设计和合成了一系列具有不同电子受体的 TADF 发光材料，其特点是具有光学和物理所有材料的属性。根据材料的光物理特性设计和构建 OLED 设备，并运行性能测试。设计和合成了一系列基于 8-羟基线的配体，并通过夹层获得复合物配体具有不同的金属离子。

团队生产负责人 XLL，广东工业大学化学工程与技术博士，从事高效非掺杂的深蓝色 OLED 材料的研发 5 年，成功缩短了生产周期。参与国家自然科学基金青年项目，纯有机主客体"片段"掺杂超长室温磷光材料的设计合成与性能研究。美国加州大学圣地亚哥分校交换生。参与广东省教育厅基础研究重大项目"可印刷型 8-羟基喹啉类有机金属配合物的可控制备及其器件效率研究"。

团队产品负责人 YZW，中国科学院材料与化工博士，有机光功能材料研究 5 年，负责 PPIF 中间体与和辉光电试点研究项目，参与国家自然科学基金青年项目基于钌—铜双金属催化惰性 C-H 键和醇类 C-O 键炔基化反应研究，国家自然科学基金青年项目纳米胶囊包覆的三重态湮灭光子上转换材料的研究及其应用、国家自然科学基金面上项目聚合物玻璃化转变温度对固态三重态湮灭上转换发光效率的调控研究。

（二）资金来源及股权结构草案

创业团队 CEO 投入资金 100 万元，创业团队其余成员（包含顾问团队）投入资金 150 万元，顾问团队投入资金 150 万元，天使投资投入资金 200 万元，广东工业大学以技术专利作价注资 600 万元，共计 1200 万元。与 2900 万元的投资预算仍差 1700 万元，经过项目几位股东一致同意，决定通过风险融资渠道融得 1700 万元风险资本（投资人 A）。预计将在 2022 年获得 A 轮融资 400 万元。

二　广州薪电科技有限公司①

（一）组织框架

总经理。总经理全面主持公司的行政工作，组织制定公司的

---

① 该公司为按照"挑战杯"大学生创业计划竞赛赛制模拟创业进程虚拟的企业，重在培养在校学生的创业能力和创业思想，为社会培养应用型创新人才。

机构设置和人员编制，负责提出公司的各种战略计划，审核规定公司的规章制度，主持公司基本团队建设、规范内部管理、拟定公司奖惩条例、决策公司重大事件、培养公司文化。

财务部。财务部根据企业相关制度，组织各部门编制财务预算并汇总，上报财务总监、总经理审核，审批后组织执行，并监督检查各部门预算的执行情况。负责制作财务报表，为公司提供有效的财务分析；与众筹对象建立并保持良好关系；对公司的重大投资提供建议和意见，对其进行全面的风险评估。

技术部。技术部为公司提供技术支持，组建研发团队，培养和管理技术人员；研究生物质燃料电池的最新方向，发掘其他丰富的生物质废弃物，同时与用户进行技术交流，帮助用户了解生物质燃料电池并了解客户群体需求。同时有部分外派技术人员，负责跟进电池的使用、发电等问题。

生产部。薪电公司主研发并生产主要材料，然后把这些材料委托给受托公司代为组装，它们可以为之采购一些简单的如电线之类的辅助材料，组装完成以后交给薪电公司储存销售。生产部负责生产核心的零部件，之后联系相应的组装公司帮忙生产其余非核心零部件并进行组装。同时负责成品的储存。

销售部。销售部根据公司市场营销战略，提升销售价值，控制成本，扩大产品在所负责区域的销售，积极完成销售量指标，扩大产品市场占有率，协助总经理制定生物质燃料电池市场发展战略和发展目标。制定产品价格体系及营销策略，组织相关销售培训、带领销售团队推广生物燃料电池。

督察部。督察部协助部门经理做好督察的具体事务性工作，包括材料收集和汇总督察资料、巡检、考核、反馈、建议、整理、归档、审查财务情况、监督仓库情况等，保证公司的正常运行（见图 5-1）。

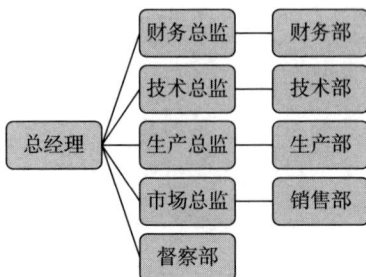

图 5-1 公司组织架构

根据公司的发展战略及具体的发展要求，公司近五年的人员配备遵循"精简"的原则，以公司的需求为依据，以提高经济效益为前提，给各个部门配备了与其工作需求相符合的工作人员数量，保证公司的日常工作正常进行（见表 5-1）。

表 5-1 公司人员安排

单位：人

人员	2019 年	2020 年	2021 年	2022 年	2023 年
总经理	2	2	2	2	2
市场总监	1	1	1	1	1
市场人员	4	6	10	12	15
技术总监	2	2	2	2	2
技术人员	6	8	12	15	20
财务总监	2	2	2	2	2
财务人员	2	2	2	3	3
生产总监	1	1	1	1	1
生产人员	2	2	5	5	7
法律顾问	1	1	2	2	2
合计	23	27	39	45	55

（二）员工培训制度

上岗培训。为新员工入门培训，对新员工就公司工作业务、结构和企业文化进行培训。培训内容丰富，包括室内培训和室外培训。

销售培训。围绕销售人员、产品、客户等展开的培训活动，首先是产品培训，其中包括产品的品牌、产品的价格、产品的概念、产品的包装、产品的服务等方面的内容。其次是推广方面的培训，培训销售人员如何将产品更好地出售。

技术培训。技术培训对象包括公司技术人员和客户。对员工采取阶梯式培训和专项培训；对刚上岗员工进行基础培训，对在公司已有工作经验的员工进行技术升级培训；对客户进行如何使用电池的培训。

（三）绩效考核

考核内容。包括业绩考核和行为考核，业绩考核即考核员工在公司销售的累计业绩情况，行为考核即对员工的出勤、团队协调能力等总和内容的考核。

考核方式。督察部成员会进行不定期的检查，同时采取员工和上下级之间进行考核的方式，即总经理考核各个总监，各个总监分别考核所在团队的员工。

考核流程如图 5-2 所示。

员工制订计划 ⇨ 负责人审定 ⇨ 员工执行计划 ⇨ 月考核 ⇨ 年度考核

图 5-2 考核流程

职员考核评分标准如表 5-2 所示。

表 5-2　职员考核评分标准

单位：分

考核内容	考核情况	考核分数
业绩考核	超额完成	100
	按计划完成	80
	没有完成	60
行为考核	优秀	100
	良好	80
	差	60

最终的总分＝业绩考核分数×70%＋行为考核分数×30%，考核结果分为优秀、良好、普通、不及格四个等级（见表5-3）。

表 5-3　职员考核奖惩方法

最终考核分数	等级	奖惩方法
90 分以上	优秀	110%工资发放
75~90 分	良好	100%工资发放
60~74 分	普通	90%工资发放
60 分以下	不及格	发放国家最低工资标准

（四）员工薪酬福利

在国家节假日、双休日及以一天之内超过 1 小时以外的时间工作进行加班补贴。

凡作为公司的正式员工享受五险一金的待遇，即公司将按时为员工缴纳养老保险、医疗保险、失业保险、工伤保险和住房公积金；法定节假日按国家规定放假，并发放一定的福利补贴；公司在发展成熟期将组织年度考核优秀的员工集体旅游。

（五）公司文化

广州薪电科技有限公司服务宗旨：耐心、细心、贴心。

公司内涵：薪，象征草木，即代表公司生物质废弃物的循环利用，而电便是指燃料发电。同时薪又通新，可以暗指新能源，代表绿色环保节能，且薪又有传承、发扬之意。因此，公司名字即代表传承、发扬当今社会倡导的绿色节能开发新资源的理念。

三　油韧有鱼——绿色养殖时代替抗精油领先者

（一）内部团队管理风险规避

组织内部团队管理存在的风险主要包括人事风险和体制风险，具体如下。

人事风险：员工不满意不稳定，工作效率大幅度降低，严重影响项目的整个实施周期。公司内部人员结构失调，内部组织混乱，导致公司的凝聚力下降。公司对人员任用不当，无充分授权，部门之间的沟通存在困难，公司内部链接脱落。此外，精英员工流失，技术管理人才匮乏，发展缓慢。员工大面积辞职或公司特殊队员出走，导致计划搁浅。

其解决办法，一是增加员工对公司的认同感，同时制定激励制度，激发员工工作积极性。二是重组内部人员的组织结构，加强公司精神理念的培养。三是及时调整人员安排，并做到各司其职。四是引进有丰富管理经验的、能独当一面并拥有高素质的人才。五是加强员工的技术培训，并做好员工保险办理。

体制风险：企业制度、组织体系、内部机构设置不尽合理，结构松散，组织中人员的调动困难。激励机制不当，员工之间存在不当竞争。企业期限届满，面临破产，负债增加，运作不畅。

市场管理不尽规范，不正当竞争现象剧增，顾客利益受损。

其解决办法，一是改变组织结构，明确分工。二是完善修订激励制度。三是申请企业兼并破产。四是遵循市场价值规律以及与国家政策相结合。

（二）风险投资退出机制

在公司达到一定规模时，团队组织结构、组织治理等将面临新的变化，如风险投资将逐步退出，为护持组织发展的平稳过渡，可采用以下五种退出方式。

第一，创业板上市。当公司发展到一定规模时，公司将争取在中国股市的创业板上市，申请发行股票，以筹集更多的资金。届时，风险投资和控股方等股份持有者可通过出售其掌握的股票而收回投资，风险投资实现成功退出。IPO 在获得巨额回报的同时，也存在一些弊端。一是 IPO 的条件很严格，上市耗费时间长，不但有可能影响公司的正常运作，还有可能因为资金占用时间过长而丧失其他的投资机会。二是 IPO 费用高，对于资金不足、产品市场空间不明朗的创业者来说，会加大公司的财务负担，为公司的运营带来不必要的困难。三是上市后，由于受交易规则的制约，信息公开力度加大，对于公司来说有一定风险。四是投资收益时间较长，受市场因素影响较大。因此，公司选择 IPO 会结合自身的财务状况，在保证正常运营的同时，选择合适的时机。

第二，整体转让。由于公司的产品在国内市场仍存在大量空白，市场前景十分广阔，投产后将会获得较高的盈利水平，这必将引起国外同类企业以及国内相关企业的关注。如果投资者把公司出售，市场上现有的农业企业由于该公司与其竞争，对其构成威胁，它们出于自身利益的考虑，极有可能买下该公司。

第三，向第三者转让。在三年后的任何时间，如果有一个难得的出售股份的机遇，且价格水平符合风险投资公司的要求，风险投资公司也可利用这一机遇，在保证该价格水准的前提下，把所拥有的权益转卖给第三者。

第四，管理层收购（MBO）。如果四年后条件不成熟而未能上市，公司会考虑MBO。具体来说，就是由企业管理层发动，组建一个外部投资人集团，通过投资银行、信托等金融机构的支持，收购原来公开上市或非上市的企业的股票和资产，使其转变为管理层控制的企业。

第五，创业者回购股份。从第三年开始，如果投资者的年投资报酬率低于25%，风险投资公司可以要求创业公司或其他股东买回其全部股权。

四　"帮优农品"——内容型农特产品快闪店

（一）人力资源管理规划

"帮优农品"创业团队初期以创业团队形式存在，并会在规划期内成立有限责任公司，按照《中华人民共和国公司法》规定规范运作。初创期实行的组织架构主要是直线职能型，将公司按照职能不同划分为若干部门，而每一部门都由最高领导层直接管理。

总经理：主持团队（公司）日常事务，协调各部门的关系，同时对公司负责；组织制定公司发展战略和经营目标，并根据内外部环境变化及时进行调整；负责审核制订公司项目计划、管理方案、公司操作流程、年度经营计划；出席公司重要公关活动，建立公司形象，打响品牌知名度。

市场运营总监：负责公司总体市场活动，编制市场预算；建立健全市场情报收集、整理、分析、交流和保密制度；负责平台的推广，决定公司的营销策略和方案；公司运营目标的协助达成。

技术总监：对"帮优农品"小程序和其他公司项目进行设计方案的确立和开发；追踪先进的信息技术应用，制定业务发展方案，提升公司竞争力；负责平台信息化管理和后台技术的支持。

财务总监：参与制定公司财务制度及相应的实施细则，负责公司全年的会计报表、账簿装订及会计资料保管，负责月季年度财务制定和监督。

人事行政总监：设计和开展公司人员的招聘；制订和实施员工培训开发计划；参与组织架构的设计、岗位描述、人力规划编制、考勤管理的工作；负责后勤总务，创造良好的员工工作环境和活跃的文化生活。

（二）激励政策与培训

该团队是自主创新型团队，并期待有梦想、有胸怀、有能力的人加入团队，在一个更加自由、创新的平台上去展示自己，实现自己的理想抱负。抱着永续经营的目标，团队对优化公司职员的薪酬将作出积极性探索。前期核心创始人不领取薪酬，聘用人员工资标准不低于公司所在地最低工资标准，且在5年内经营步入稳定阶段，将适当提高管理层面和技术层面人才的薪酬待遇。不断构建和完善包括保障因素（如基本工资）、激励因素（如绩效工资和奖金）、必要补偿（如加班工资、津贴）和其他福利

（如带薪出游）在内的完整薪酬制度。

特别要指出的还有，在绩效考核评估方面，团队以提高成员绩效为导向，定性考核与定量考核相结合，以简单实用、稳步推进为原则，考核结果主要应用在人事决策（如薪酬分配、奖励、升降职、调动等）中。在团队成员培训方面，该团队的培训方针是培训内容必须是与公司业务情况相关，自我教育和外部教育相结合。培训内容包括团队成员技能培训，即针对岗位的需求，面向成员开展岗位实用技能培训；团队成员综合素质培训，即围绕成员的心理素质、工作态度、工作习惯等进行培训。

五　案例启示

本节以荣获第七届中国国际"互联网+"大学生创新创业大赛国赛金奖的作品《奥蕾蓝光——优质 OLED 深蓝光材料技术解决方案供应商》、2018 年"创青春"全国大学生创业大赛创业计划竞赛国赛铜奖的作品《广州薪电科技有限公司》、第九届"创青春"中国青年创新创业大赛国赛铜奖的作品《油韧有鱼——绿色养殖时代替抗精油领先者》及 2019 年全国大学生电子商务"创新、创意及创业"挑战赛广东省赛区二等奖作品《"帮优农品"——内容型农特产品快闪店》为例进行分析。

通过四个案例的内容我们可以发现，在新工科创新创业竞赛训练的商业计划书或路演 PPT 中，可以结合核心成员、股权架构、组织架构、成员培训及激励方案、风险退出机制等方面内容对创新创业团队进行较为系统性的介绍，展现具有实力、学习力及战斗力的团队风貌。

第六章　设计商业模式

第一节　商业模式与商业模式设计

20 世纪 50 年代，商业模式（Business Model）的概念被首先提出。商业模式是指一个企业或组织用以创造、提供和捕获价值的方式和方法，它描述了企业如何组织资源、开展活动、与客户互动以及获取利润等，本质是企业或组织如何创造并获取价值的逻辑。[①] 现有研究主要基于动态和静态两种视角对商业模式进行界定。[②] 静态视角下，商业模式是一种描述和规划企业运作方式的框架，具有相对稳定的特征和元素。Casadesus-Masanell 和 Ricart[③] 认为组织运行的一系列管理选择是商业模式的重要组成部分，如薪酬管理、设备位置等。动态视角下，商业模式涉及不

---

① Wirtz B. W., Pistoia A., Ullrich S., et al., "Business Models: Origin, Development and Future Research Perspectives," *Long Range Planning*, 2016, 49: 36−54.

② Amit R., Zott C., *Business Model Design: A Dynamic Capability Perspective*, J. Manage, 2014.

③ Casadesus-Masanell R., Ricart J. E., "From Strategy to Business Models and onto Tactics," *Long Range Planning*, 2010, 43 (2): 195−215.

断演化、适应和改进的过程。Afuah 和 Tucci[1] 认为，商业模式是一个多要素基于特定连接方式的动态系统，并强调动态性在价值创造过程中能够发挥关键作用。

　　由于创业是一种持续学习的过程[2]，越来越多的学者认为商业模式设计也是一种不断迭代及优化的过程，受到动态视角下商业模式定义的影响，理论界掀起了基于"动态性"的商业模式设计过程的广泛讨论，具有代表性的观点如下。Amit 和 Zott[3] 将价值创造来源划分为四种类型：新颖、锁定、互补和效率。随后，Amit 和 Zott[4] 开发了商业模式设计测度量表，从设计主题、设计元素两大方面进行设计参数的描述。其中，商业模式设计主题是描绘企业与外部其他企业的交易活动，能够呈现商业模式的总体形态；[5] 商业模式设计元素则是刻画商业模式具体包括了哪些活动、活动之间如何联动与协调，以及谁是活动的执行主体。[6] 进一步地，Zott 和 Amit[7] 又提出了商业模式设计过程模型，即多次循环创新的设计闭环：观察、综合、产生、提炼和实施。

---

[1]　Afuah A., Tucci C., *Internet Business Models and Strategies*, McGraw Hill, 2001.

[2]　单标安、蔡莉、鲁喜凤等：《创业学习的内涵、维度及其测量》，《科学学研究》2014 年第 12 期。

[3]　Amit R., Zott C., "Value Creation in E-business," *Strategic Management Journal*, 2001, 22 (6/7): 493-520.

[4]　Amit R., Zott C., "Business Model Design and the Performance of Entrepreneurial Firms," *Organization Science*, 2007, 18 (2): 181-199.

[5]　Amit R., Zott C., "The Fit between Product Market Strategy and Business Model: Implications for Firm Performance," *Strategic Management Journal*, 2008, 29 (1): 1-26.

[6]　Zott, C., Amit, R., "Business Model Design: An Activity System Perspective," *Long Range Planning*, 2010, 43 (2-3): 216-226.

[7]　Zott, C., Amit, R., "Business Model Innovation: Toward a Process Perspective," *The Oxford Handbook of Creativity, Innovation, and Entrepreneurship*, 2015: 395-406.

第二节　商业模式设计的模块化解构

尽管理论界对商业模式设计的内涵进行了大量的讨论，基于多元视角以研究目的对商业模式及其创新理论进行了大量探索，在此基础上贡献了较为丰富的研究成果，然而大多数既有理论在实际应用上遭遇困境。一方面，实务界对学术话语体系相对艰涩或抽象性表达难以全面理解；另一方面，商业模式的价值创造系统与企业的组织管理架构也并非一一对应的关系，这使得既有理论难以被企业傻瓜式地直接应用，一定程度上弱化了理论的实践指导效用。

考虑到模块化技术可以把复杂性、系统性问题进行分解与整合，而且商业模式恰恰是一个跨企业边界的活动系统，因此有不少学者尝试基于模块化理念来解决商业模式设计的问题。关于对商业模式设计的幂模块化解构，有这样一些被广泛接受的观点。一是 Weill 和 Vitale[1] 把商业模式定义为八种"基本原子"组成的系统，企业通过改变"原子"及其界面关系可以设计商业模式。二是 Johnson 等[2]指出，价值主张、关键资源、核心流程和盈利模式是商业模式的四大构成模块，企业可以通过改变不同模块及不同模块内的要素成分，来设计商业模式。三

---

[1]　Weill P., Vitale M., *Place to Space：Moving to eBusiness Models*, Harvard Business School Press, 2001.

[2]　Johnson M. W., Christensen C. M., "Reinventing Your Business Model," *Harvard Business Review*, 2008, 35（12）：52-60.

是 Osterwalder 和 Pigneur[①] 提出了九要素商业模式画布（The Business Model Canvas）分析方法，可以对商业模式进行可视化描述。具体地，商业画布对商业模式中的价值主张、客户细分、客户关系、渠道通路、收入来源、成本结构、核心资源、关键业务和重要伙伴等要素进行标准化，强调元素之间的相互作用关系，能够相对清晰、简明地阐明商业模式的运作机理（见图6-1）。该分析方法目前在企业或组织商业模式的分析与设计领域中较为流行。

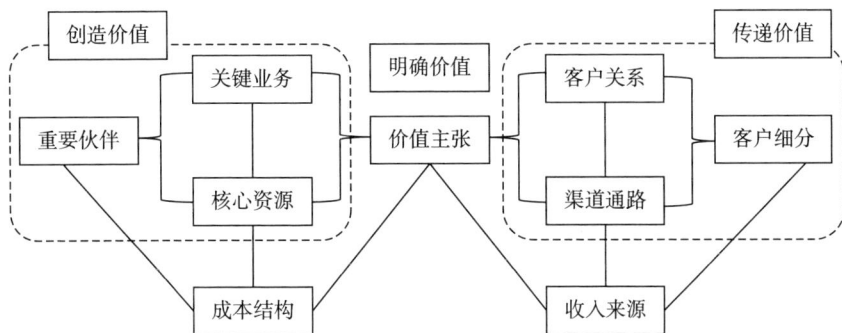

图6-1 商业画布九大要素关系示意

资料来源：王先鹿、任莉莉《管理会计工具在创业企业商业模式子画布中的应用——基于要素耦合视角》，《财会通讯》2023 年第 7 期。

当然，企业可以基于自身组织情境的实际情况，通过改变相对应元素的数量、内容及结构关系等进行商业模式设计。[②]

① Osterwalder A., Pigneur Y., *Business Model Generation*, New Jersey：Wiley, 2004.
② 郭守亭、李万方、蔡佳佳：《基于模块化思想的零售商业模式构成及创新路径研究》，《宏观经济研究》2016 年第 2 期。

第三节 案例介绍与启示

一 案例介绍

（一）案例一：Island 创客教育创业项目

1. 商业模式全局

该项目拟成立一家集硬软件开发、课程开发、授课服务于一体的创客教育公司，公司将根据自身情况，根据不同发展时期推出不同的教育服务产品，从初创期入驻小空间到成熟期开始成立自己的一站式辅导站和建造自己的创客式教育空间，兼以冬夏令营的形式开展创客式教育。在此过程中，将结合互联网时代的特点，不断进行产品升级，开设更多服务类型，以及拓展销售渠道；以珠三角地区一二线城市为切入点，逐步走向全国市场。本节将详细介绍公司的商业模式，以及分析实现这一商业模式必备的要素。

公司以"推行创客教育，全面提升下一代的素质"为价值主张，确定公司教育服务的硬软件及课程研发、销售，创客空间入驻，创客式教育三大主营业务，通过结合互联网建设、公益投入等一系列全面有效的渠道通路，与目标客户和合作机构建立良好的客户关系，并塑造公司良好的社会形象。

2. 商业模式设计

（1）价值主张

结合"应试"大背景，培养创客新人才。随着素质教育的不断改革和逐步推进，创客教育将会迎来爆发期，创客教育和STEAM 教育会是未来国家大力推动的教育形式。但也正因为"新"，目前的创客教育存在着没有与课内知识相融合、孤立于应试教育之外，课程内容肆意横流、优质课程资源较少、市场评价体系不足等缺陷。因此，缩小传统教育与创客教育之间的鸿沟是现在亟须解决的，也是大势所趋。据此，公司提出了"创客教育"与"创客式教育"齐行的新理念，遵循"创客小空间""一站式服务""冬夏令营"三大主线，力争把学生平时的学业与创客素质培养结合起来，让学生真正在日常学习中提升科学素养，在动手实践中得到思维锻炼，这对当前的创客教育具有一定的借鉴意义。

课内课外双辅导，"应试""创新"两不误。在应试教育的大背景下，学校和辅导机构局限于其教育要求，重复耕耘着各种几乎与社会发展脱节的教育模式：让学生在题海里寻找素质提升，以高分换取个人价值，这些都是应试教育存在的弊端。基于此，公司提倡"一站式"辅导的辅导模式，既帮助孩子们用最快速的方法学习课内知识，压缩他们的课内学习时间，挤出更多空余的时间，又基于他们的兴趣爱好、学习情况，进行创客课程项目式的规划。帮助他们规划空余的玩耍时间，为他们开设创客课程，进行"有规划""有目的"的玩耍，做到"应试"与"创新"两不误，让孩子在动脑的同时也能实践。

寓教于乐趣为导，创新教育缩差距。有些家长为了不让孩子输在起跑线上，会帮孩子报名各种也许他们根本就不喜欢的辅导班，而在二三线城市，学生们能够接触到的教育资源必然比不过大城市，在偏远地区现象更为严重，这在一定程度上反映了教育的不公平性。而 Island 创客教育则能在一定程度上缓解甚至解决以上现象。通过可移动性强而又富有趣味的创客小空间、创客盒子，可以把当今主流的科技元素以动手实践的形式直接呈现给孩子们，既能激发他们的学习兴趣，又能培养他们思考动手的能力，帮助他们更好地在这个科技飞速发展的时代生存下去。

（2）核心资源

团队通过前期的技术积累和研发工作，在课程的开发、硬件及软件服务平台的研发方面已经取得了一些成就。

课程上：现在团队已经自主研发出 30 套不同主题的课程，浓缩出精品创客课程 15 套，小学/初中解题得高分技巧课程 25 套。

硬件上：自主设计化学仪器 21 件，自主研发小型科技产品 15 套。

软件上：建立微信服务平台、电路模拟实验平台、神奇的化学实验模拟平台。此外，还设计浓缩出 3 个不同规格的创客小空间模型。

（3）重要伙伴

硬件生产商。公司初创期没有过多资金配置各种制造硬件的机器，只能和器械齐全和有成熟经验的硬件生产商合作，达成互利双赢的共识。利用它们现成的硬件制造技术和较为成熟的市场经验帮助生产已经设计出来的硬件设施，在降低公司硬件设施加工成本的同时，也能使公司产品更加贴近市场需求，使产品设计加工更加合理化、人性化。

软件开发合作商。公司初创时期由于各项技术开发任务繁重且不成熟，软件开发工程量较大，不利于公司专注市场缺陷输出，因此初创期公司将与已拥有成熟软件如 3Done 等公司合作，利用他们的软件平台进行教学。

学校和辅导机构。公司前期打开市场需要选择生源较为集中、实施创客教育可行性强的学校和辅导机构合作，通过建立信任合作伙伴关系，用创客小空间、环境创设入驻他们的教学场所，并有针对性地进行宣传、开课，并利用自己的教师、教师评价体系在提高课程质量的同时，保证客户的体验感。

（4）客户关系

消费关系。公司产品的直接消费群体，如家长，将与公司建立最为直接的买卖关系，消费者在购买公司提供的产品服务后可享受公司带来的售后服务。公司将投入更多精力打造包括课程、App、硬件、售后服务来提供更为优质的产品服务，积极维护与消费者之间良好的关系，建立优质口碑，促进更多消费者的消费，提高消费者对公司品牌的认知度和忠诚度。

合作关系。公司硬软件及课程等产品借助其他教育平台进行销售，这些教育平台将与公司建立合作关系，公司利用它们生源集中的特点更快更好地去销售公司的产品和服务，它们也借助公司的硬软件实力去提升自身的知名度和业界影响力。

消费体验关系。公司计划在成长到一定阶段时，将不定时开设"创客课程体验"活动，以此增设面对市场的窗口，将通过浓缩课程的展示、硬件设施的体验，向已有客户和潜在客户阐明"创客教育理念"并提供免费的课程体验服务，为客户带来最为直接的体验感受。并在现场销售硬件设备，用户将可通过微信公众号和网上模拟实验平台体验更多更好的售后服务。

代理关系。在公司发展中期，随着销售范围的扩大和资本积累的增加，公司的规模也随之增大，为了保证课程、教具等具有技术壁垒的领域保持一定优势，且为了使公司经营活动的效益达到最理想的预期，公司将产品的推广和销售委托给教育领域的代理机构。公司特将售后服务与代理业务分开，因为后期售后服务内容将包括对代理公司前期的宣传和代理进行考核，也更能得到一线客户对公司产品的使用建议和确保公司产品研发与客户使用体验的直接交流。

（5）客户细分

家庭。在当今的教育背景下，学生们往往被迫面对繁重枯燥的学业，毫无兴趣可言，最后甚至对学业失去了兴趣，更遑论科学素质的提高，家长对此除了威逼利诱或鼓励打气外，往往也一筹莫展。与此同时，目前的创客教育存在着没有与课内知识相融合、孤立于应试教育之外等缺陷，针对这一现象，公司将家庭作为客户的主要群体，提出"创客教育"+"创客式教育"模式，致力于弥补课堂教育与素质教育的鸿沟，打破传统教育与创客教育的屏障。

中国青少年研究中心所做的"2013年中国青少年人口详数"调查研究显示，全国小学教育阶段、初中教育阶段、高中教育阶段和高等教育阶段在校学生总数约为23527.68万人，可见其基数大，具有很好的市场潜力，将此作为客户的主要群体是公司的教育机构的重要战略方针。

学校。在政策东风的推动下，学校逐渐开始引进创客教育这一模式，但又慢慢暴露出课程肆意横流而优质课程较少等窘境，并且仍是沿袭教师讲授知识为主的思维定式，而我们的教育机构通过创客小空间入驻等形式，倡导以学生为主、以导师为辅，鼓励学生发散性、创新性思考，公司提供一定的硬件支持与知识辅导，这种全新的教学模式必然会为学校带来较高素质的学生，提高学校的竞争力与知名度。

教育机构。校外的教育机构作为学校文化教育之外的实践平台，一直以来被视为校内文化教育的补充，因此人才培养应当作为教学产品的挑选指针。一方面，公司的创客小空间与冬夏令营可以让教育机构的学生有更多的机会去实践，去接触课本之外，在社会上有着重要地位的技术、技能，让机构在行业的竞争中更具竞争力；另一方面，公司的一站式服务可以通过为教育机构输送教师的形式，把优质的整套教学课程带到该机构，为其添砖加瓦。

（6）成本结构

公司的成本结构主要包括生产成本（课程研发费用、硬软件开发费用、创客空间入驻装修费用等）、销售成本（宣传推广费用、产品包装费用等）、固定成本（公司运营管理费用、工资支出费用、师资培训费用等）。

课程研发费用。为满足市场需求，积累自己的教育资源，公司将通过持续地研发拥有自主知识产权的课程，为受教育者带来一次又一次不一样的课程体验，不断提升受教育者的消费体验，维护并促进良好的客户关系。公司需要在研发课程中投入一些实验费用、测试费用，让课程更具有实际性和教育意义。同时，不同课程领域先进行前期社会调研，了解市场现状和课程内容所需，再由公司专业课程研发成员进行研发、测试。

硬软件开发费用。为结合课程的开发，公司在整个发展阶段也需要不断地开发硬软件设备、提升硬软件质量，以此增强公司的技术壁垒，也能够让公司提供更加优质的服务，因此需要投入硬件开发原料、器械等研发成本。

创客空间入驻装修费用。创客空间的成立，是公司打开市场的小钢炮，从其设计到可行性分析再到最后实质入驻的装修成本，硬软件设施都需要投入一定的资金。

宣传推广费用。宣传推广是公司打开知名度的重要途径，公司将充分发挥互联网的强大优势，投入一部分资金建立属于自己的宣传网站，完善相应的增值服务；通过与广告商合作、建立微信公众号等渠道进行网上推广，提升品牌在公众中的认知度；公司也会不定期进入学校、辅导机构、午膳站进行品牌推广活动；增加公益投入，在将温暖带给需要帮助者的同时，也利用公益渠道来实现公司的宣传，提高公司的正向影响力。以上宣传推广活动，公司需要为此支付广告合作、宣传网站搭建、物料视频制作等推广费用。

公司运营管理费用。公司将招聘引入优质人才，组建公司核心团队，共同致力于公司的良好发展。公司根据发展战略及具体的发展要求，遵循"精简"的原则，以实际需要为依据，以保证经济效益的提高为前提，聘任与工作需求相符合的工作人员，以保证公司的日常工作正常运转，同时减少公司不必要费用的支出。

（7）收入来源

硬软件销售收入。公司一直致力开发硬软件，用于课程开发，也用于销售，硬软件将随着课程教授销售给受教育者，作为更好地理解课程的工具，也是公司的收入来源之一。

课程收费。公司将通过自己开课和与教育机构合作入驻开课的方式，收取上课费用。

创客空间打造收费。公司自主设计的创客小空间入驻学校及其他辅导机构需要收取特设的创客空间的设计与设备费用。

冬夏令营收费。冬夏令营作为创客式教育的一个重要开展形式，也是公司的主要收入来源之一，公司对培训者收取培训费和必要的硬软件费用。

售后服务收费。公司定期对创客小空间进行维护和升级，在不同地区布点，对销售的硬软件进行维修，赚取售后服务费用。

熔融再造。公司体验店将提供售后回收熔融再造服务，消费者可以将已使用的硬件送至体验店进行回收，公司可将此硬件在已有的基础上根据消费者需求进行升级改造。

3. 盈利模式

公司将从以下几个方面，实现盈利渠道多元化。

依靠开发优质课程和硬软件盈利。在创业初期，公司的价值主要是通过在创客空间中授课及销售硬件来实现。此外，公司还将结合互联网打造企业的品牌，增加品牌的附加价值，以获得品牌溢价。

依靠硬软件售后服务盈利。公司会通过微信公众号、售后服务点提供硬软件的电子教学使用培训、个性化定制及售后回收服务。公司在基于硬软件销售量的前提下，提供"熔融再造"以及"以旧换新"服务，并收取适当的服务费用。

依靠冬夏令营开展盈利。公司在中后期将结合自身积累的生源和技术资源，开展冬夏令营，打开创客式教育市场，并致力于研发多种形式的创客式教育进行盈利。

公司将和建筑产商合作。用合作关系来降低创客空间包装费用，实现双赢局面。

（二）案例二：云行天下科技有限责任公司①

1. 商业模式全局

云行天下科技有限责任公司商业模式全局如图 6-2 所示。

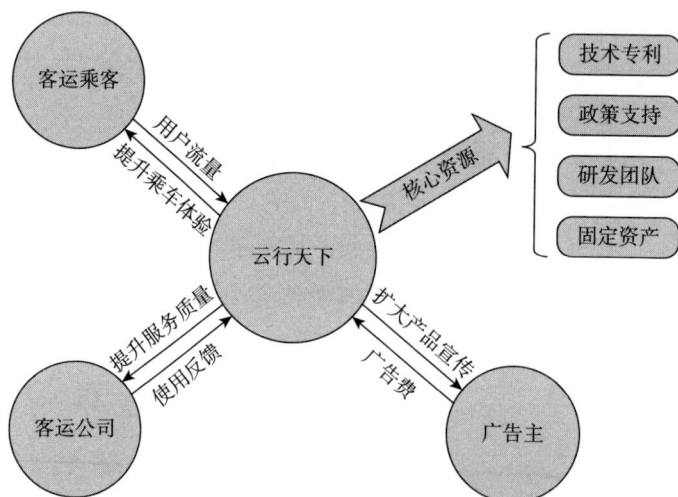

图 6-2　云行天下科技有限责任公司商业模式全局

2. 商业模式设计

（1）价值主张

公司在创业前期将目标的群体定位为能为企业带来营收来源的交通运输公司，以及缺乏新兴宣传渠道的广告主（依附于可以从受众的宣传中受益的群体）。

一方面，车载云终端的研发和生产将为交通出行人群，尤其是长途出行的人群带来全新的出行生活方式和更高质量的出行体验。使用者无须再受制于信号和流量消耗的问题而随时随地使用

---

① 该公司为按照"挑战杯"大学生创业计划竞赛赛制模拟创业进程虚拟的企业，重在培养在校学生的创业能力和创业思想，为社会培养应用型创新人才。

大流量数据资源。通过大数据技术分析乘客行为，车载云终端可以为使用者"定制"内容，做用户身边的智能顾问。

另一方面，广告公司在做营销案例时常会碰到一个难题——许多广告主本身并不缺乏资金，但经常要求广告公司提供更加新颖的方式达到所需的营销效果。加之现时是娱乐营销 3.0 时代，对营销和内容的创意要求更高，而车载云终端将会为此创造好的机遇。另外，现阶段车载云终端仍处于发展时期，还有很多企业或对此并不了解或不敢做第一个吃螃蟹的人。综上，公司在能够迅速地占领较大的市场的同时，还需站在广告公司的角度同广告主/广告公司共同创造有价值的案例。而这方面可以与广告公司进行绑定，长期合作。

（2）核心资源

技术专利。公司拥有六项发明专利的使用权，涵盖了车载云终端系统各方面的技术要点，形成了强大的专利壁垒，使得公司在产品上具有领先优势，竞争对手难以争夺消费者市场。

研发团队。项目技术研发依托物联网智能信息处理与系统集成国际联合实验室，公司已与广东工业大学自动化学院签订产学研合作协议，充分利用该学院的科研优势，保持公司的研发人才储备，使得产品技术、性能不断与时俱进。

政策支持。随着"互联网+"时代的到来，互联网支撑"大众创业、万众创新"的作用进一步增强，成为提供公共服务的重要手段。而政府推动"优先发展智能交通服务"的政策，打开了车联网行业的蓝海市场，为公司塑造了有利的市场前景。

固定资产。广东工业大学为公司的初期运营提供实验室和孵化基地，从而降低了初期的创业风险。另外，公司已经与拥有量产车载云终端的成熟的专用产品生产商建立合作关系，保证了产品的生产（见图 6-3）。

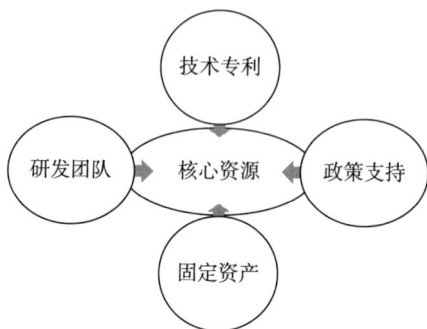

图 6-3　云行天下科技有限责任公司核心资源

（3）关键业务

公司的主营业务包括车载云终端产品研发、内容运营、云服务以及相应的市场开发。其中，产品生产环节委托于桂林市国创朝阳信息科技有限公司。通过车载云终端的应用功能，向广大车主提供包括实时交通、路况预测、导航、规避危险等云服务；向广大用户提供免费网络、本地资源（包括但不限于音乐、电影、游戏等），以满足在乘车途中，尤其是长途客运途中的资源需求。

（4）重要合作

"政—企"合作。通过与政府交通部门进行合作，公司为政府机关提供基于智能出行云服务的交通运输解决方案，在促进"互联网+"交通行业发展的同时塑造公司的品牌形象；通过政府部门获得相关政策扶持，有利于公司的可持续发展。

"校—企"合作。云行天下科技有限责任公司已与广工工业大学建立合作关系，获得"一种基于车联网的信息发布系统"等六项专利的使用权，未来将继续在产品研发、人才储备等方面加强合作，达成校企同盟。

"企—企"合作。云行天下科技有限责任公司创业初期已经与桂林市国创朝阳信息科技有限公司建立商业合作进行产品生产；通过与广州交通信息化建设投资营运有限公司、广东粤运交投股份有限公司、广州市第二公共汽车公司、岭南通等交通运输企业合作，进行免费使用、代理发售车载云终端硬件设备。客运公司是公司切入的第一个细分市场，获得与客运公司的合作，既是双赢的结果，也是公司快速获取用户的重要途径。

（5）客户细分

企业客户。公司初期的企业客户，主要是以广州市各大客运公司为主的交通运输企业。在完成用户规模的积累后开放广告业务，将为各大企业广告主提供基于大数据分析的精准广告营销。

个体客户。长途客车是公司首批搭载车载云终端产品的交通工具，所有搭乘客车且对网络资源有需求的乘客均可通过下载公司 App 获取相关产品，从而成为公司的客户。

（6）客户关系

公司以人力推动获取首批客群，以产品和服务的优势建立客户信任，并培养客户的使用习惯。在获取一定的市场份额后，通过已有客户的口碑传播吸引更多的个体客户使用公司的产品和服务，并通过激励策略提高用户的产品使用黏性，以获得稳定的客户资源。

（7）渠道通路

通过对创业初期目标市场进行调研发现，以广州市为代表的华南地区公共交通行业秩序较为严谨，而汽车市场环境较为复杂，基于目标市场消费者的消费行为习惯，结合公司发展需要，在创业初期主要采取了代理分销制、品牌店直销的商业模式。

创业重点集中于技术创新以及管理经营的探索，云行天下科技公司创业初期已经与岭南通等交通运输企业建立商业合作，通过合作企业进行免费使用、代理发售。创业团队在发展初期，将在短时间内构建一支高执行力的销售执行团队，通过发展代理经销商能对市场进行快速反应和减少营销计划执行的困难。另外，企业创业初期资金实力不足，选择代理分销制模式，也可以在一定程度上利用代理商自身的资源，帮助公司进行资金的积累，实现公司的快速发展。

除此之外，还有适合该项目的品牌店模式，公司初期的直销目标顾客主要是汽车代理商、交通运输管理中心等大客户以及计划入驻商家平台的消费服务型企业。公司利用内部的产品性能优势及技术优势，为硬件设备需求客户提供更好适应其新型产品如新型汽车的专门技术设计，包括"车载云终端产品"外观设计、功能个性定制等；而对于入驻商家，品牌店将提供 App 界面交互体验、功能展示，并对商家进行线上商业模式的指导和培训。通过品牌店直销服务，可以更好地传递"车载云终端"产品信息以及宣传企业特色文化，完善公司的个性化服务，开发更多忠实的顾客，同时也节省了行销和广告的费用，起到稳定企业销售额以及提升产品市场占有率的作用。

（8）成本支出

产品生产成本。公司进行车载云终端的研发和工业性生产所发生的各项费用，包括生产各种产品（产成品、自制半成品等）、材料、工具、设备等。

营销费用。公司在实施营销管理与实践活动时发生的各种费用，具体包括市场建设费用、直接推销费用、促销费用、仓储费用、运输费用等。

人力资源成本。人力资源成本是公司构建和实施人力资源管理体系过程中的所有资源投入。按照其管理过程由六个部分组成：人力资源管理体系构建成本、人力资源引进成本、人力资源培训成本、人力资源评价成本、人力资源服务成本、人力资源遣散成本。

折旧费用。公司所拥有的或控制的固定资产按照使用情况计提的折旧费用。

（9）收入来源

公司的主营业务收入来源于产品本身及其增值服务，同时通过原始用户的积累和后期大数据的分析形成一个有吸引力的广告投放平台，促进移动场景的开发和广告营收。为保证营收来源，公司主要通过两种方式促进产品的销售、使用和增值。

收入组合模式，在提供服务的同时采用部分内容点播收费。在创业初期，公司主要采取收入组合模式。这一模式下，公司将重点开拓客运市场，与大型客运公司达成合作，免费向客运车辆提供车载云终端以及配套有关的技术服务。客运公司须与公司签署排他协议，并按公司要求向用户推荐使用公司的产品，用户通过下载公司的 App 即可使用/点播车载云终端内海量资源。在此过程中，客运公司通过在长途行驶中向顾客提供更丰富的服务内容达到提升顾客的用户体验目的，同时公司的产品也得到推广，完成原始用户的积累。特别的，公司在部分内容服务上采取点播收费的方式，保证了初期一定的收入来源，抵消产品本身的成本。

广告收费模式。在积累了一定的用户和数据之后，广告场景的价值可以得到充分挖掘。公司将通过在 App 的布局和排版上提供专门的广告位置，以丰富的用户量和精准的定位吸引广告主，增加额外的收入。

（三）案例三：脂质体在化妆品中的应用

1. 商业背景

随着传统化妆品品牌在电商领域的不断切入，预计化妆品电商网络交易额的增长速度明显高于行业增速，我国化妆品网络交易额的占比也将不断提高。

传统企业电商化经营进程加速，随着传统化妆品企业营销成本的上升和受到其他平台电商的冲击，传统化妆品企业电商化经营进程逐渐加快。目前，化妆品企业进入电商化经营基本有三种方式：一是自己建立网站，提供更多信息和在线销售；二是加入平台类网站，如天猫等；三是线下和线上相结合。

2. 核心技术与竞争力

（1）脂质体技术

天然提取物以其功效多、作用温和、无副作用或副作用小等优势广受欢迎，其中根皮素正在如火如荼的化妆品市场中一枝独秀。根皮素（phloretin）是一种二氢查尔酮类的天然植物活性成分，主要来源于梨、苹果及草莓等多汁水果植物的根与果皮，以及多种蔬菜汁液中。科学研究表明，根皮素具有淡化色斑、美白、护肤、祛痘、抗诱变、抗衰老等活性，能有效地降低并缓解紫外线辐射所造成的皮肤红肿，对皮肤有很好的保护效果。根皮素还能有效抑制弹性蛋白酶和基质金属蛋白酶-1 活性，明显改善皱纹、老化等皮肤衰老现象。根皮素已作为新型天然抗衰老和美白活性成分被各大化妆品公司应用于明星主打产品，应用前景广阔。但由于根皮素溶解性较差、吸收利用率低，实际应用受到局限。

脂质体又称人工生物膜，是将功能性成分包封于类脂质双分子层内而形成的微型囊泡，是纳米载体技术的典型代表。脂质体性能优越，具有细胞亲和性、提高药物稳定性和吸收率等作用，可将难溶性成分包裹在磷脂双分子层的夹层中，改善溶解性能、吸收率和生物活性。脂质体对皮肤有保湿作用，空载条件下在皮肤深层可起到活化细胞和保留水分的作用。脂质体可减少多余脂肪和毒素在皮肤上的沉积，其护肤效力较一般护肤品强几倍至几十倍。脂质体的发现和应用不仅为医药制剂工业注入了新的活力，更是推动了化妆品行业向高档次、高技术发展。

该产品旨在将"水溶解度差、皮肤吸收率低"的根皮素与"能将脂溶性有效成分与双分子膜相互作用溶于膜内"的脂质体技术结合，促进活性成分透皮吸收，推动根皮素以脂质体的形式在化妆品中更广泛地运用。公司将为广大化妆品企业提供"功效好"的根皮素中间体，并为广大消费者提供一系列质优价廉的美白抗衰老化妆品。

该产品是将天然植物提取物作为主要活性成分，安全有效。以一种方法简单高效且有利于皮肤的脂质体解决天然植物提取物根皮素难溶于水的难题，并使其更好地用于化妆品中。

该产品采用脂质体剂型包裹根皮素，使公司优肤产品护肤效果提高且原材料成本降低，即产品性价比相对于其他美白抗衰老产品较高。根皮素的价格极其昂贵，约为 370 元/克（纯度 ≥

99%），该项目采用根皮素脂质体的形式促使根皮素增溶，使其更大程度溶于化妆品中，且在使用化妆品时，根皮素能被皮肤更好地吸收，即加入极少量的根皮素就能使得产品有很好的效果，原材料成本有效降低，同时也提高了该项目研制出的化妆品的性价比。这样，所研发出的系列化妆品利润空间会更大，也更具有市场竞争力。

该产品已取得了一定的研究进展，证实思路切实可行，并申请相关专利，具有自主知识产权。

（2）微囊技术

微囊（Microcapsule），也称智能微囊（Intelligent Microcapsule，IM），是指利用天然的或合成的高分子材料（称为囊材）作为囊膜壁壳（Membrane Wall），将固态药物或液态药物（称为囊心物）包裹而成药库型微型胶囊，简称微囊。微囊在特定 pH 值、酶等的作用下，活性成分在动物体内缓释、控释或靶向释放，让活性成分发挥最佳的效能。将根皮素与微囊化技术结合在一起可提高根皮素稳定性，改善根皮素的溶解性，促进根皮素吸收、靶向递送，减少处方的配伍变化，控制释放速率，能更好地提升根皮素生物活性和可吸收性，扩大其开发应用范围，具有较好的社会和经济价值。微囊这一技术很好地封存了产品的精华成分，让这些精华成分不易变质，从而更好地保证产品的质效。

市场上已有著名的香奈儿品牌有此类技术的产品。香奈儿山茶花保湿微精华露是香奈儿公司研发的一款保湿产品，这款产品应用的技术新颖，采用的原料新鲜，功效也十分显著，是一款不折不扣的较好的补水产品。在原料的选择方面，富含补水活性因子的山茶花是来自法国西南部的，这个地方的山茶花相对于其他地区而言补水因子特别多，而且其精华成分还含有优化角质的多酚成分，这也让该款产品的补水功效更为显著。原料还有来自马达加斯加高原地区的蓝姜，这种蓝姜富含抗氧化和修复肌肤损伤的功效，这让香奈儿山茶花保湿微精华露除了补水功效外还有其他显著的辅助功效，从而让其成为性价比十分高的产品。此款产品的优势在于原料和剂型选择方面做了创新。公司所研发的根皮素微囊同样也是一种以活性成分较高的根皮素加以微囊剂型来增效。

（3）其他

将化妆品专用壳聚糖加入公司根皮素脂质体或根皮素微囊产品中，可增加这些产品的功效并扩大适用人群。现代社会空气污染严重，过敏性肌肤的人占比不小，而壳聚糖具有提高肌肤免疫力的作用，将其添加至公司产品中，使得公司产品既可美白，又可提高皮肤免疫力，使得过敏性皮肤人群趋于购买公司产品，扩大了消费者人群，增加了盈利空间。

3. 商业模式设计

鉴于目前的市场分析和化妆品新的商业模式的发展，结合公司初期刚刚起步情况，决定多多尝试、多多创新，采用 B2C（Business To Consumer）模式与超市、市场专柜、实体专卖店等传统商业模式、分销相结合的形式作为公司商业模式。创业初期先采用 B2C 模式，打开潜在消费者的市场，后期通过传统商业模式、分销与 B2C 同期并举的模式进行大规模营销。

对于一个企业来说，如果说产品品质相当于其左手的话，那么完美的模式就相当于其右手，有了一个完美的模式企业才能持久，左手和右手一样重要。初期的"互联网+化妆品零售模式"，简言之，可以理解为主要是微商和网站运营，微商的优势在于门槛不高，宣传速度快、成本低。现如今，微商随处可见，而要打造出一个完美的微商团队，关键在于采用怎样的商业模式，才能有源源不断的动力，才能持续发展。除了微商，也将建立公司自己的网站，可以使消费者想了解公司信息或是具体产品信息时，有专门的渠道可以了解。仅靠"互联网+化妆品零售"远远不够，发展到后期，产品有了一定的市场和知名度，公司将以传统商业模式与分销来作为公司化妆品销售与传播的辅助渠道，从而更好地打造民族品牌。

（1）技术阶段

公司是药妆企业，主要的目标市场自然为药妆市场。根据公司在大学城做的化妆品使用情况调研，并从公司组成成员都是大学生这一优势出发，觉得公司在发展初期应将学生作为短期发展的目标市场。由于中国许多城市接连步入老龄化城市的行列，并且中国的老龄化趋势正在加快，基于此，公司的定位是美白抗衰老功效的药妆公司，并将需要美白抗衰老且有一定消费能力的25~40岁的人群作为公司的长期目标，中老年以及男性将是进一步发展的目标对象。

（2）生产阶段

技术成熟后，可到地方化妆品监督管理部门审核，报送资料，申请生产。生产可考虑与专业的化妆品加工公司合作，它们有专业的流水线，可提供无尘生产车间等技术支持，一方面保障了产品质量，另一方面批量生产可以节约成本。考虑到一开始顾客可能不相信公司的产品，可先生产一些小型的体验装，分发给意向顾客和意向代理。

（3）产品推广与营销筹备

公司的营销体系分为三大类：微商代理体系、线下分销体系及直营店体系。而且三线并行、互不冲突，都由计算机后台控制，专业人员进行维护。考虑到团队刚刚起步，公司先从互联网营销模式以微信营销、App、微信公众号和公司网站营销开始推广产品，着重于微信营销和公司网站营销。

针对微信营销（微商），可以从以下三个方面着手。

第一，打造一支专业的运营团队。先适当招募一些有经验的微商代理；团队成员必须对产品十分熟悉，分工明确。团队成员又分研发部门、管理营销系统部门、宣传部门（产品照片、宣传视频制作）、策划节日活动（吸引意向代理和顾客）的部门和代理。

代理是负责产品推广和营销的主要人员，代理分为五级（见图 6-4）。

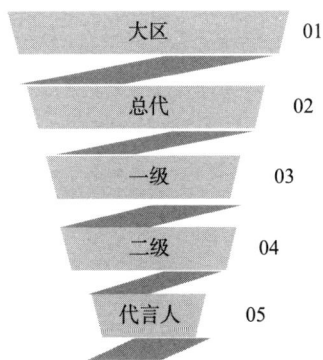

图 6-4　微商代理结构

关于招募代理。为了让团队注入更多活力，招募到更多代理，公司可以在节假日推出一系列的活动来吸引他们，比如，购买该品牌两款产品即可获得代言人授权或是成为会员。又如，代言人门槛，本来要拿够一定数量的产品（如 10 瓶根皮素脂质体保湿霜）才能成为代理，而现在只需要买两款产品就能成为代理，这样就能带来很大的吸引力。

这里详细讲述代理运行的三大制度。

拿货定级制。公司采用微商的营销思路，同样也采用传统微商的拿货定级制度，通过微信、微博等平台，实现产品的营销。拿货定级制度，即拿货量决定了拿货单价（阶梯价说明：针对一款产品，每个级别之间都有固定的阶梯价格）。

晋级制。晋级制分为 2 种方式，分别为累计货量晋级和一次性拿货晋级，累计货量晋级就是，假如你加入公司的时候级别是代言人，但是你一年时间内拿货累积到某个级别定级的 2 倍拿货量，就可以晋升下一个级别；一次性拿货晋级，也就是说，不管你在什么级别，只要你一次性达到某个级别规定的拿货金额，就可以成为某个级别。

返佣制。公司的返佣制分为推荐人返佣、升级返佣。推荐人返佣（推荐人 A，被推荐人 B）：B 级别小于 A，B 为 A 团队的经销商；当 B 经过努力级别大于 A 的话，A 可接受返利，B 每次向最终确定级别的上家拿货时，A 都可以享受每只产品一级固定阶梯价的 50% 返利。返利由 B 的上家给予，时间期限为三个月，三个月后不再返利。升级返佣：推荐人返佣的一种演变，B 本来是尝试的心态加入公司团队，结果因为团队的培训和 B 的努力，B 的业绩飞速提升，甚至升级超越了 B 团队的第一名，那么 B 以后每次订货，原团队的第一名享受产品一级固定阶梯价的 50%，时间期限同样是三个月。

第二，形成专业的培训机制。团队定期，如每隔一两个月就会进行一次线上培训（线上培训更方便，节省时间），专门为新加入的代理进行课程培训。按积分制来进行验收，设置加分项，做笔记、积极发言等都可以加分，最后必须达到一定分数才能算圆满毕业。招募新代理的直接负责人也要及时跟进，看新代理是否及时做好笔记、有所收获。培训课程的内容可以从以下几个方面展开。

第一天：开学典礼。

第二天：新人入门必修课。

第三天：朋友圈塑造。

第四天：产品精品介绍之一。

第五天：产品精品介绍之二。

第六天：做好售前、售中、售后服务。

第七天：产品预见性问题早知道。

第八天：公司的模式。

第九天：毕业典礼。

第三，建立完善的营销系统。公司先设计一个网页，或是申请一个微信公众号，设置自定义菜单，分为经销商系统、商城系统和联系公司三大板块。其中，经销商系统又分为公司介绍、产品视频、授权查询、违规查询、防伪查询、质检报告、代理后台（代理后台必须用账号密码才能登录）等几大部分。代理后台是用来记录该代理的授权信息，还有管理名下的下级代理会员、管理订单、查询单号等作用，可以及时记录该代理的出单情况，看是否到达晋级标准、公正清晰，同时可以查看下级代理的销售情况。商城系统是一个小型的网店，商城首页是产品的详细介绍、品牌故事、肌肤测试、买家常见问题解答等。第三大板块是为了让有意愿加盟和公司合作的企业或代理联系而用。

（4）实体营销阶段

当互联网营销为公司打造出了一定的市场后，可以开始进行实体营销，设立品牌专卖店，也可与市场、超市专柜合作推广公司的产品。在实体营销与互联网营销相结合齐头并举时，公司也应在营销的同时研发新的产品，只有不断创新，为企业注入新的血液和新的活力，企业才能持续发展。

后期公司将采取加盟机构的形式。加盟机构被认为是投入少、见效快、成功率高的营销模式。据了解，国内非传统终端走量的化妆品几乎占了化妆品总销量的一半。由于它们主张专业服务或新型的消费理念，很少做大众媒体广告，不太容易被关注。美容连锁就是其中的重要一环，专业连锁经营理念也开始深入人心，因为它们能够提供完整的产品与完美的专业护理服务，越发成为都市女性的新宠。

从社会认知角度看，美容加盟机构前景喜人。调查得知，相当多的女性都认为专业美容机构是一种中高档次的服务，是一种令人向往的享受方式，吸引了不少白领丽人前往。由此可以看出，连锁机构的美容观念已深入人心，美容连锁机构蕴藏着无限商机。

二 案例启示

本节以广东工业大学校内创新创业竞赛训练优秀作品《Island 创客教育创业项目》《云行天下科技有限责任公司》《脂质体在化妆品中的应用》为例进行分析。

其中，《Island 创客教育创业项目》《云行天下科技有限责任公司》基本围绕价值主张、客户细分、客户关系、渠道通路、收入来源、成本结构、核心资源、关键业务和重要伙伴等要素展开分析，适当进行了个别要素的合并或删减；《脂质体在化妆品中的应用》则通过具体的案例分析，把商业模式设计与运营模式结合起来阐述，这也是一种可行的尝试。

第七章　制定战略策略

第一节　制定战略策略的重要性

通俗地说，战略是一个总括性的概念，李桂福认为战略就如同企业的总目标，最终是否可以达成企业总目标，是否可以达到预期的效果，在未能实现之前，事实上仅仅是一种主观意愿下的构思而已。[①] 策略则是为了实现战略而采用的一系列更加具体、更具可操作性的方式或步骤，它是可以根据特定情境、特定问题及特定变化所采取的变通方法，促进战略转化为鲜活的现实。换言之，纷繁复杂的策略组成了创业企业的"工具箱"，创业企业在创业过程中基于对不同情境及自身判断，"策略性"地从"工具箱"中提取工具，而策略工具的提取是否恰当往往决定了某一执行过程的成败。[②]

总体而言，创业企业制定战略与策略的重要性可以总结为如

[①] 李桂福：《战略与策略在图书营销中的运用》，《出版发行研究》2009 年第 3 期。
[②] 龚志文、李万峰：《我国社会组织与政府的互动：策略、逻辑及其治理》，《新疆社会科学》2018 年第 4 期。

下几个方面。

一是确立企业发展愿景与方向。创业企业制定战略与策略的过程，最首要的便是明确自身的使命、愿景和价值观，并设定清晰的中、长期战略目标，促使企业集中资源、精力和时间，避免盲目行动，实现战略一致性。

二是发展企业的核心竞争力，获得市场竞争优势。[①] 为了制定战略与策略，企业必须力求全面了解市场需求及竞争对手，并基于这些信息明确发展定位和选择，进一步发掘商机与竞争优势。

三是激发企业创新潜力。[②] 正如前文所述，战略与策略的制定过程也是明确企业核心能力与竞争优势的过程，因而为了达成战略目标与顺利执行相关策略，创业企业必然需要激发企业创新，如鼓励员工提出新的想法和解决方案，通过不断推动创新的涌现，增强企业可持续竞争力。

四是优化企业的资源配置。制定战略与策略可以帮助企业合理规划资源分配，包括人力、财务和物资等，从而提升效率、降低成本，提高生产力及生产绩效。

五是强化企业风险管理意识。创业企业制定战略与策略，还需要考虑内外部环境的因素，并对直接风险或潜在风险进行综合评估，企业可以通过制定适应性战略及有效策略，减少创业不确定性风险，并更好地应对市场变化和竞争挑战。

[①] 温超、陈彪：《创业学习、创业战略与新企业竞争优势》，《外国经济与管理》2019年第9期；陈彪、单标安：《转型环境下创业战略与新创企业竞争优势关系研究》，《科技进步与对策》2018年第3期。

[②] 郭会斌：《内创业战略情境下人力资源策略的生产性意蕴——兼论人力资源管理促进成熟期更新的机理》，《经济问题》2015年第7期。

第二节　战略策略类型的框架整合

在新工科创新创业竞赛训练中，创业团队制定战略策略基本是沿着两条思路。一是竞争性战略策略思路，指的是团队侧重于从市场角度去考虑战略策略部署，所制定的战略策略以波特的竞争战略范式为基础。二是合法性战略策略思路，指的是团队侧重于从利益相关者及其他外部公众角度去构思战略策略部署，旨在争取来自外部环境的认可与支持。

竞争性战略策略思路通常适用于较为成熟的创业项目，或是项目目标市场已经颇有热度。此时，创业企业可以推出成本领先战略、差异化战略和聚焦战略等竞争战略及其因应策略。合法性战略策略思路更适用于一些新兴行业创业项目或创业项目正处于危机转生机的转折点，如共享单车、P2P网络借贷企业等。因为此时影响创业企业发展的并非竞争性战略策略，而是创业项目迫切需要获取社会公众的认可，即合法性问题。

在具体的新工科创新创业竞赛训练过程中，创业团队基本上会依据竞争性战略策略思路或合法性战略策略思路来制定创新创业项目的战略策略，但不一定局限在成本领先战略、差异化战略、聚焦战略和制度创业战略，而是沿着基本思路，根据自身市场经验及理论知识储备，从多源流的战略策略库中选择合适的战略策略工具（见图7-1）。

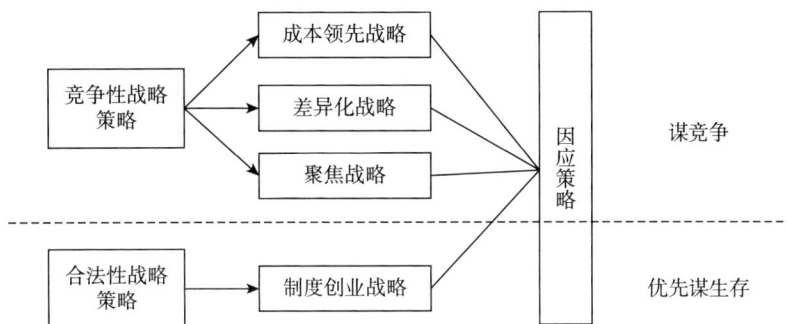

图 7-1　战略策略类型划分

第三节　案例介绍与启示

一　广州薪电科技有限公司[①]

（一）公司定位

薪电团队具有生物质燃料电池自生产能力，同时拥有强大的科研能力以及较高的专业技术水平。该团队结合现代社会对新能源的庞大市场需求，加之近年来中国新能源逐渐扩张的市场规模，团队将自身企业定位为集研发、核心技术生产、销售和服务于一体，立足广东省东翼地区，面向广东省的"生物质燃料电池制造商"。广州薪电科技有限公司（以下简称"薪电公司"）主营业务是研发、生产、销售生物质燃料电池。

[①]　该公司为按照"挑战杯"大学生创业计划竞赛赛制模拟创业进程虚拟的企业，重在培养在校学生的创业能力和创业思想，为社会培养应用型创新人才。

（二）公司战略

1. 初创期战略——集中发展战略（2019~2020 年）

控制成本。在初创期，薪电公司主要目标是提高生产效率。该团队通过研发生物质燃料电池，针对广东省东翼地区的规模农业经营户和经营单位，来集中产品的销售范围，有助于减少产品的运输、生产等费用。该团队产品选取秸秆作为原材料，相比起化学电池和燃料电池，生物质能电池的成本低廉。同时，针对废旧产品进行专门有偿回收，将生物质废弃物中的有用板块进行再次利用，进一步降低生产费用。

提高生产效率。提高生物质燃料电池生产效率要从提升生物质燃料电池的生产技术、改进生物质燃料电池生产流程和提升加工生物质燃料电池人员从业素质三个方面入手。提升生物质燃料电池的生产技术是技术人员负责的领域，需要技术人员不断研究，比较不同生产设备的生产效率、不同原材料的生产效率和不同生产环境对产品生产效率的影响，不断改进生产技术。而改进生物质燃料电池生产流程必须要求公司经常派遣技术人员到委托加工的工厂进行考察，根据工厂的实际生产情况改进流程。技术人员在工厂考察过程中也会关注产品的质量和尚待改进的不足之处，不仅对产品进行抽样检查，还要记录下需要改进的地方。提升加工生物质燃料电池人员从业素质必须定期对工人进行培训。在提高生产效率的同时，团队也会加派人力去探索新的市场，为成熟期的市场扩张做准备。

2. 发展期战略——增长型战略（2021~2023 年）

深化提高产品性能。经过头两年的销售后，薪电公司将根据最新电池市场的情况与顾客的使用反馈，举办内部研讨会，分析公司产品的优缺点。定期制定调查问卷，发放到顾客手中。根据产品的问题以及顾客的意见，利用先进的科学技术与出色的科研能力，对生物质燃料电池进行改造提升，保持优势，改进劣势，力求产品性能更加贴合顾客需求。

扩大经营范围。鉴于薪电公司已经在广东省东翼地区形成良好口碑，该公司希望往更广阔的珠三角市场发展。市场发展使客户群体有所扩大，不再局限于原来广东省东翼地区，而是扩展到广东省的珠三角地区。公司将加大销售渠道的建设力度，设立公关部进行定期的销售推广，让生物质燃料电池为更多的顾客所了解，采用有效的销售策略，增加产品销售量。

打造品牌形象。薪电团队秉承"助力新能源建设，智创绿色生活"的理念，致力于打造安全节能、绿色环保的生物质燃料电池，解决农村与城市经营单位的用电问题，缓解当今世界能源短缺的危机。该团队力求以质量赢得顾客的信赖，通过宣传渗透薪电的品牌与理念，让更多人认识并认可生物质燃料能源电池。同时，该团队会更加注重产品的品质，做好售后的服务，让消费者满意，让"助力新能源建设，智创绿色生活"的理念为顾客熟知，在广东珠三角地区树立良好的品牌形象，然后逐步将公司的形象和理念扩展到广东省全省。同时，该团队也将更加注重企业文化对一个企业发展的作用，以"诚信立足，创新致远"的企业文化教导各位员工，利用企业文化培养员工的认同感，增强企业内部的凝聚力。

3. 成熟期战略——纵向一体化（2024~2026 年）

重视风险防范。当薪电公司的发展步入成熟期，将更加关注企业内部控制问题，防范风险。生物质燃料电池的生产，核心部分由团队技术人员完成，确保核心技术的保密性，相关技术人员必须提前签订保密协议，协议中详细规定违约处罚条款等。后期简单装配可外包给某工厂进行，定期派遣人员去工厂考察，检验产品，考察情况记录在案，严格监管。团队成员之间建立严格的相互监督机制，每周一次召开团队成员会议，各成员报告自己的工作状况，公开相关文件，方便其他成员查阅。完善监督举报机制，如发现某成员行为有不当之处，其他成员可进行匿名举报。在人员的任免方面，公司秉承以岗选人的理念，而非因人设岗，制定一套完整的人才选用机制，并严格执行，防范"关系户"。

寻求合作伙伴。要想在生物质燃料电池的市场占有一席之地，需要寻求合作伙伴。通过寻求知名合作伙伴，使得自己的影响力扩大。相同领域的合作伙伴能够共享技术，相互促进各自发展。比如，更高效地将生物废料进行转化，有助于加快科研进度，推动新产品的推出。同时，还能获得资金上的保证。成熟期，薪电公司与农作物秸秆废弃物产量高的地区发电厂进行合作，分成赚取比例利润，获得稳定的资金流。

掌握主动性。当公司的销售状况良好、现金流充足时，对于提供生物质燃料电池核心部件的供应商，或者是较有竞争力的电池销售商，公司会采取纵向一体化战略。该战略有助于加强薪电公司对原材料供应、产品制造、分销和销售全过程的控制，使企业能在市场竞争中掌握主动，从而达到增加各个业务活动阶段利润的目的。

（三）竞争战略

1. 价值链分析

公司价值链分析如表 7-1 所示。

表 7-1　价值链分析

价值链活动		目标
支持活动	基础设施与支持	起步阶段的资金、物资有限，营销体系不完善
	人力资源与文化管理	团队人员拥有专业知识，由于公司准备起步，在管理和制度上经验欠缺
	技术的发展	拥有两项国家发明专利和多项核心技术。产品往用户导向和环保理念方面进行研发
	采购	1. 电池的生产除了核心技术以外的配件进行委托加工，选取目标市场近的厂商，降低运输成本； 2. 将在目标市场的地区范围内就近进行秸秆的回收加工，以降低运输成本
主要活动	投入性活动	以销定产，通过数据化策略来预估生产目标
	生产性活动	前中期：核心技术零件由内部生产，基础配件委托加工； 后期：建立完善的生产链
	产出性活动	利用第三方物流进行长距离配送，安排工作人员进行短距离配送
	市场与销售	渠道：直营店、网店、经销商销售； 广告：线上通过朋友圈、公众号进行宣传，线下通过定点投放以及与村委进行联合宣传
	服务	在直营店设立体验专区，让顾客了解产品，为顾客提供电池安装、电路搭建、电池维修等服务。在使用一段时间后，公司会派人员及时收集客户使用情况，并进行网上问卷调查

2. 竞争战略制定

（1）总体竞争战略——专一化战略

专一化战略是主攻某个特殊的顾客群、某产品线的一个细分区段或某一地区市场。正如差别化战略一样，专一化战略可以具有许多形式。专一化战略围绕着某一特殊目标服务，所开发推行的每一项职能化方针都要考虑这一领域中心思想的崭新焦点。该团队通过针对某一地区的农村经营户，研发一种适用于生物质废弃物高效降解并直接转化为电能的高新技术，在材料、生产以及回收中降低成本，为公司初创期发展提供保证。

专一做生物质能电池。薪电公司专注于研发生物质燃料电池，提高产品的性能。在研发过程中，团队通过不断革新，使得农作物秸秆的转化率提高，减少资源的消耗。同时，专一化战略使得团队的研发目标锁定在生物质能电池领域，而不是其他的相关电池等领域，一定程度上减少了在其他领域内的研发费用。独特而精准的专一服务针对特定群体，薪电公司在送货、安装、顾客培训、咨询服务等方面为顾客制定专门服务。比如，通过送货上门、附赠一套图文并茂、简单明了的使用说明书，便于安装。同时，公司保证有零售店铺的地区有工作人员上门指导使用，提升顾客体验。当电池损坏后或者变旧之后，消费者可以通过公司推出的"以旧换新"业务，将旧商品折价后购买新商品，公司将进行回收旧商品。公司将回收的旧电池中未损坏的部分取出经过检查无误后二次利用，降低生产成本。

（2）市场竞争战略——纵向一体化战略

市场渗透：薪电公司在发展初期与大规模扩张市场的成熟期需要进行市场渗透，由于该公司生产的生物质燃料电池是新技术产品，大众对其了解不足，会严重阻碍其产品销售。因此，该团队将集中资源，加大宣传力度，通过公司网站建设，同时设立公众号等网上宣传以及实地的产品展销会等方式，将生物质燃料电池的特色与优点展现给社会大众，尤其是团队的主要目标客户——农村与城镇经营户和经营单位，让该产品为更多消费者所了解，从而能够提高销量。纵向一体化战略：当薪电团队的销售状况良好，现金流充足，内部控制良好时，为了降低原料购买成本和销售成本，实现规模效应，对于提供生物质燃料电池核心部件的供应商，尤其是议价能力较强的电池销售商，薪电公司会采取兼并等方式，把这些企业纳入薪电科技的管理下，从而加强核心企业对原材料供应、产品制造、分销和销售全过程的控制，达到增加各个业务活动阶段利润的目的。

随着不断开拓市场，薪电公司的经营范围和规模不断扩大，使得公司销售的产品数量大大增加。当薪电公司产品数量与生产规模扩大到需要流水线作业时，薪电公司的单位生产成本将会降低，从而可赚取更多的利润。当薪电公司发展到中后期时，随着机会成本的增加，边际成本也随之慢慢增加，因而需要不断提高生产效率，达到提高边际效益的目的。在产品方面，首先，薪电公司不断改进加热和保温技术，使得生物质燃料电池在最初的预热阶段的时间缩短，能耗降低。其次，薪电公司通过研发新技术将产品型号多样化，满足不同客户需求。在生产方面，薪电公司将掌控电解液制备等核心技术，将蠕动泵、阳极槽、阴极槽、搅拌桨、外壳、电线以及组装等生产委托给生产公司。在发展后期，薪电公司将采用纵向一体化战略，整合产业链，进一步降低生产成本，从而达到规模化。

（四）营销策略

薪电公司的产品以"助力新能源建设，智创绿色科技"为核心价值理念，主营业务是销售生物质燃料电池，并为消费者提供服务。通过目标市场和市场定位分析，公司进行市场拓展规划并设定合理的销售目标。为了公司的顺利发展以及达成销售目标，团队进一步研究并制定出适合自身发展的营销组合策略。

1. 产品策略

（1）产品研发方向

薪电公司是技术性公司，主张"助力新能源建设，智创绿色科技"，初期以主打产品生物质燃料电池打入市场，持续研发具备能量转换效率高、环境污染小、可长时间连续供电、适用范围广等优势的产品。从产品研发层面分析，技术方向和突破方式主要包括以下几点：可靠性、一致性问题仍是最为关注的指标；需进一步提升产品寿命，以满足更高需求；成本持续降低不可放松，需与性能指标并行发展；技术要为产品服务，要为解决"痛点"存在；明确产品需求，并将其转化为技术指标，真正达到量化；将市场的"痛点"转化为产品的技术指标；增强核心零部件开发能力。

（2）产品差异策略

该产品高效利用生物质废弃物，通过生物质燃料电池系统直接将生物质能转化为电能，为消费者供电，与目前市场上普遍使用的氢能燃料电池系统存在较大差异。生物质燃料电池系统不仅对温度要求低、安全性高、系统结构简单，且具有成本优势，加上公司不断投入高新技术来延长电池的使用寿命，以此吸引更大规模的客户群体。通过产品的短期不可替代性以及优质服务产生较高的产品价值，进而提升销售收入获取较高利润。通过产品的独特性，可以使公司的产品迅速打入市场，抢占先机，占据市场有利地位，进而缓解公司竞争压力。

（3）服务差别化策略

服务差别化指的是企业提供与竞争者有所不同的差别化优质服务，以此在竞争中取得优势，从而树立公司的良好形象。该企业的生物质燃料电池由于其技术的创新性和无可复制性，将给使用该公司生物质燃料电池系统的客户带来全新的体验。比如，礼品赠送。公司在进行产品宣传的时候，为了扩大线上流量，可以采取用户扫二维码以及关注公众号赠送印有薪电公司 logo 的礼品的方式。在产品销售方面，公司在售卖的同时赠送顾客印有薪电公司 logo 的赠品、杂志和传单，方便现有顾客向潜在顾客进行宣传。上门安装。客户因对产品不熟悉而存在安装、维修等方面的疑惑，该公司所采用的服务差别化战略将给客户带来舒适的体验，从而为公司培养忠实的客户群体，也为公司带来竞争的优势。除此之外，从帮助客户了解公司产品，到设备上门安装，再到完善的售后服务，公司将为客户提供一站式服务，在增强客户信任感的同时吸引潜在客户，由此公司在市场上获得知名度，谋求公司长远发展。用户反馈。公司在销售产品、上门安装后，客户在使用过程中可能会出现产品操作、质量等方面的问题。薪电公司会定期进行电话联系，及时收集顾客的意见。同时，将这些意见按产品问题、服务问题等类别整理归类后分发给相应部门及时进行改进，以便更好地满足客户的需求。人员培训。薪电公司会定期对内部技术人员进行使用操作及简单的产品维修的培训。微信群。公司在销售产品后，将为购买产品的顾客建立微信群，方便顾客之间进行产品上的交流。每个群的人数保持在 100 人左右，并派营销人员和技术人员定期发送一些产品的相关信息和使用方法。按时解决顾客提出的问题，同时通过红包等反馈的方式增加粉丝量。

2. 品牌策略

（1）品牌形象设计

品牌名称：广州薪电科技有限公司。

使命：让废弃的生物质得到更好的利用，致力于研发生物质燃料电池。

愿景：成为生物质燃料电池市场的领导者。

市场范围：废弃生物质聚集地（如农作物秸秆、水葫芦、甘蔗渣等较多生物质废弃物的地方）。

服务宗旨：耐心、细心、贴心。

品牌核心价值："薪"象征草木，代表该公司将废弃物循环利用，而"电"指的是燃料发电；"薪"和"新"同音，暗指新能源，代表绿色节能，又有传承、发扬之意。薪电公司名字代表公司传承发扬当今社会所倡导的绿色节能、开发新能源的理念（见图7-2）。

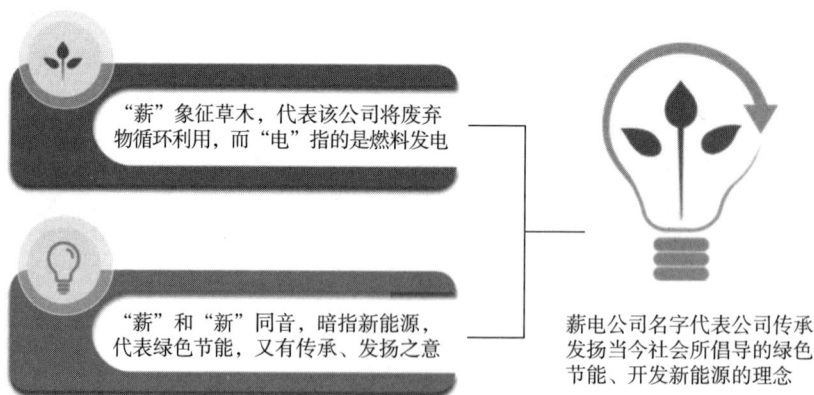

"薪"象征草木，代表该公司将废弃物循环利用，而"电"指的是燃料发电

"薪"和"新"同音，暗指新能源，代表绿色节能，又有传承、发扬之意

薪电公司名字代表公司传承发扬当今社会所倡导的绿色节能、开发新能源的理念

图 7-2　品牌核心价值分析

（2）品牌保护

注重品牌的法律保护，进行"薪电"商标注册、技术专利的

保护以及关注互联网的域名权,为"薪电"品牌发展提供良好的市场环境。

（3）品牌传播

薪电公司通过试点、开启讲座等活动提升品牌知名度及美誉度。从广告、公关、形象展示、代理商管理、终端建设等方面做出有实效的工作,传达公司的"薪电"理念,让品牌迅速成长起来,打造强势品牌。

（4）品牌深造

薪电公司将不断地寻找新的大量的生物质废弃物,将生物质废弃物利用范围变得更广、更好。而技术人员将对燃料电池进行更好的设计,让产品变得更美观、更小巧,使生物质燃料电池能更快更好地进入每一个合作社。

3. 定价策略

（1）定价背景

近年来,农民收入快速增长。据城乡住户调查结果,2017年广东农村居民人均年可支配收入达到 15780 元,比 2013 年增长 35.2%,比城镇居民高 11.4 个百分点,城乡居民收入增长差距扩大的趋势得到逆转。因此,公司主要面向目标地区的人均可支配收入来制定价格。

（2）定价目标

公司定价目标是提高市场占有率和获得较高利润。考虑到目前市场上尚未出现以生物质废弃物为原材料转化为电能的燃料电池系统,而公司产品具有绿色环保、高安全、高效率、低成本等优势,因而在产品的定价上要充分体现产品低成本的优势,在市场竞争中具有较强的竞争力,能提高目标市场的占有率,同时将为公司的发展做好资金的储备和开拓更广阔市场的准备。

以与汕头市当地农村电价的对比为例，公司的电价在价格上比传统的电价具有明显的优势，这是吸引消费者的一个重要因素，也是公司宣传时的重点之一。公司通过阶梯电价的递增来促使居民提高节能意识，方便居民直观地比较选择，同样的阶梯档数，使居民更容易理解与接受。

由于公司产品拥有知识产权的优势，并且有一定程度的科技含量，定价不宜过低。但要同时避免价格偏高问题，否则前期品牌知名度偏低将会导致流失部分潜在客户。因此，在公司保证能够回收成本的基础上，采用市场导向定价法，对产品价格进行灵活变动，同时保证产品科技价值不会受到损失。

（3）价格调整策略

当今科技市场瞬息万变，原材料价格的变动及技术水平的提升，市场需求的变动都将对产品的定价决策产生影响。公司将根据市场环境适当调整价格以适应市场和自身需求。

主动涨价策略。由于公司产品为科技创新类，且原材料、产品制作价格费用和劳动力市场价格会有变动，当成本上升、技术开发难度加大时，产品价格会短暂上升。

主动降价策略。随着材料价格的降低、制造环节的优化、市场地位的改变以及新产品的推广，公司做好了主动降价的准备，以适应市场发展的需要。

价格优惠策略。公司与客户以年为单位签订合约，因此当顾客在购买产品时进行一定的价格优惠，将会刺激消费者的购买欲望。例如，帮助薪电公司宣传产品（介绍、转发推文、集赞等）将享有前三个月电费9.5折优惠；组队报装公司产品，两户一起报装享有半年电费 9.2 折优惠，四户一起报装享有半年电费 9 折优惠，多人成团更优惠。

4. 渠道策略

（1）渠道目标

初创期：为确保在广东省东翼地区有效销售公司的产品，公司主要采取直销经营模式开拓市场。自建小规模的营销团队寻求与大规模种植水稻、玉米等农作物的种植大户或者与当地村委合作，并签订协议，使公司产品尽快融入市场。在成长期，公司将利用电子商务低成本优势和强大的宣传推广作用，提高产品销量并充分挖掘潜在客户。

发展期：随着产品的生产效率的提高，市场范围在不断扩大，公司将进一步开拓线上服务渠道。通过网络平台，努力构建高效、直接、精确的短而宽的渠道体系，在销售产品的同时努力树立公司的品牌形象。

成熟期：在前期的发展中，企业积累了一定的资产和良好的口碑，因此公司将进一步把市场扩大到广东省全省。对此，公司将进行对经销商及代理商的选择、培训及其营销团队的组建。同时，公司将通过利用网络发布产品信息的方式寻找公司的目标大客户，并与他们更好地合作，达到共赢。

（2）渠道模式

在互联网时代，新型的互联网+销售模式应运而生。公司在进行产品的宣传与销售时，不仅要着力于线下实体店铺的经营，更要注重网络营销与宣传等线上渠道的充分利用。

线下渠道。其一，直营渠道。直营店发展计划：最初在广东省汕头市金平区设立直营店，然后以广东省东翼为中心，向该地区的二线城市拓展开店。同时，以发达地区为中心轴，一直辐射到广东全省，形成一个同心圆式的营销网络，通过直营销售的方式直接面向消费者。直营店的宣传：建立直营店，并在直营店设立体验专区。顾客可以通过服务人员的讲解，了解公司生物质燃料电池的优良特性、秸秆回收的利润以及能为家庭减少的电费。同时，现场观看生物质燃料电池的工作原理和方法，便于利用，给顾客营造良好的体验。其二，代理渠道。薪电公司在中后期扩大市场的时候利用代理商进行产品销售。派公司的业务人员到代理商的团队里进行合作，提高销售渠道的管控能力。按照双方达成的比例分成，代理商为该公司销售产品。薪电公司所属直营店与代理商共同销售，进而开发市场，提升品牌知名度。同时，公司业务人员对代理商的日常工作进行指导和监督。在线下，代理商按月将销售后产品的费用交到公司。同时，公司按照之前与代理商约定的代理费用进行发放，对销售量高的业务员给予提成。

线上渠道（电商渠道）。其一，电子商务。一是网络商城，通过微店或公司网站进行网络销售。二是网络视频营销，开展视频营销服务，点击"实物视频按钮"即可播放公司简介视频和产品介绍。三是在线联系服务，提供在线咨询服务，为消费者了解公司状况和详细的工作信息提供及时的服务。其二，网站服务。一是建立公司网址，及时发布公司最新资讯，并建立网上讨论、联系管理员、产品咨询员和售后评价等方式与消费者进行及时的联系，提供人性化服务。二是加入网站搜索、导购引擎，综合治理客户需求的各种数据，方便客户搜索。加入导购资讯，引导客户发掘强力产品的亮点。三是建立公司微信公众号平台，及时更新公司产品动态和相关优惠活动，吸引新老客户。

（3）渠道管理及激励

对营销员：公司在初创期自建营销队伍，分销渠道采取营销员对应区域的制度，营销员负责对应分销区域的业务洽谈、跟进及反馈工作。对应区域内的分销商由该营销员统一负责，总销量作为绩效考核的核心，对销售表现优秀的营销员及分销商进行物资支持及返点奖励。

对经销商：通过合同限定经销商的经营范围、最低销售价格，以协调各经销商的竞争关系；制定销量培训和考核制度，对销量排名靠前的经销商进行返利、促销支持，以调动其积极性，同时淘汰表现差的经销商，寻找新的合作对象。

5. 促销策略

（1）广告策略

建立官方网站。薪电公司建立官方网站，在网站中加入公司简介、公司产区产品图片、服务展示、浏览者留言板四大版块。在这四大板块中植入广告，消费者看到网络广告后进入链接，了解公司及产品，能让采购者更快更清晰地了解到公司及产品情况。

网络视频推广。薪电公司初期将利用秒拍方式的视频作为推广工具，视频的直观及方便能更好地展示薪电生物质燃料电池系统的独特功能及技术优势。

微信公众号宣传。微信公众号能作为企业媒体发布平台、销售信息发布平台、消费者互动平台、产品在线销售平台、网上支付平台、调研平台、公司企业文化传播平台、人才招聘平台等万能平台。

年节促销。农村、城镇的集体户定期会开展重大节气、庙会等农村节假日的促销。薪电公司在节日期间采取适当降价的优惠活动来宣传产品，并利用"价格差"吸引顾客购买。

（2）人员推销

薪电公司自创业初期起，将致力于建设一支既懂专业技术又懂营销技巧的高素质推销团队，发挥客户与经销商、代理商之间的桥梁作用。当客户对公司、产品有疑问时可进行及时解答，如安装、调试以及技术指导等，从而完善公司的产品销售体系。公司也将对各区域的销售人员和代理商进行定期培训。团队不仅要致力于销售产品，而且要以客户需求为导向，努力建立良好的客户关系，使客户对薪电公司的满意度不断提高。与此同时，销售人员应当不断地了解客户群对产品及服务的需求与建议，并且将信息反馈给公司，以便公司对产品进行不断的改良，研发最符合消费者需求的产品。

（3）摊位展销

初创期，薪电公司的知名度小，将通过与当地的村委进行合作，租借临时的广告位。在节假日或者周末人流量多的地方，宣传公司的产品。以销售人员推广、扫描二维码赠礼、发放传单的方式进行品牌的宣传。携带一台样本机与一些家电，供顾客参观、操作，了解产品的功能和质量等产品信息。另外，会展能够集聚人流，吸引专业买家，这样有助于增加公司的订单量。

（4）销售促进

在薪电公司的发展中后期，公司已经积累了一定的知名度和品牌效应，公司产品也日趋成熟，逐渐在市场站稳了脚跟，有了一定的市场份额。为了完善品牌形象，获得更大的销售市场，公司将采取相应措施来加强营业推广，树立公司良好口碑。公司在销售中会辅以试用和分期付款等手段，促进产品销售。在初创期，客户对产品的性能必然会有所怀疑，因而可以通过目标客户使用，让客户体验产品的性能功效，从而获得客户的肯定。此外，公司还会给那些将要建立长期合作关系的企业制定相关的分期付款政策，扩大产品的销量，提高品牌知名度。公司在发展过程中，为了不断提高用户用电的便捷性和方便性，会不断地改进电池技术，并且及时派专人上门为顾客更新新款电池，为顾客提供更良好的体验。

（5）公共关系

公共关系使企业通过有计划的长期努力，影响团体与公众对企业及产品的态度，从而使企业与其他团体及公众取得良好的协调，树立公司及产品的品牌形象。薪电公司通过为当地的基础建设提供适当的资金，定期举行义捐义卖活动，制作一些公益短片、公益微视频等，在为慈善事业作贡献的同时，也能提升公司的形象，给公众产生对公司的部分利润取之于社会、用之于社会的好感，进而与当地的村委或居委建立良好的合作关系。

6. 市场策略

直营店规划。由于广东省汕头市金平区的秸秆产量大、用电量大，薪电公司优先在该区开设直营店。店面以白绿为主要风格，传达公司"助力新能源建设，智创绿色生活"的环保理念。

在店面布局上，设立四个区域，分别是体验区、宣传赠礼咨询区、休息区和仓库区。在体验区安放粘贴二维码的样机，样机上方的墙上配有生物质燃料电池的使用流程。在咨询区派一名专业的咨询人员，来讲解生物质燃料电池的工作原理和能节省的电费等问题，有效解决顾客的疑问。

宣传方面，线下通过节假日在居民楼或者人流量大的地方租用临时摊位进行产品宣传和有奖扫码的活动，吸引村民；在街道的砖墙上粘贴公司的宣传横幅。线上通过让顾客在直营店以及摊位宣传时关注公众号、微信群、微店的每日推送，宣传公司的产品。

在服务上，通过送货上门、安装、赠送使用说明和小礼品的方式，提升公司的品牌形象。在购买完产品后，将顾客拉到微信群，让购买者之间进行交流，同时微信群的运营者也会及时回答他们的疑问。在使用一个月之后，公司将会派专门的人员以电话的形式了解顾客的使用反馈，并将内容及时上报。

在公共关系上，与当地的村委建立良好的关系，赢得良好的口碑。公司可以给当地提供 1~2 个小型公共设备，如运动器材，或者组织义捐义卖活动，借此来宣传公司的产品以及品牌。

7. 数据化营销

（1）数据化规划，制定合理目标

薪电公司积极收集公司在电池行业中所处的位置、年营业额、在该地区的占比、在生物质燃料电池领域的投入产出比等数据。在这些数据的基础上进行科学的分析，从而导出企业的战略规划。以数据为依托的战略规划，能够充分聚焦企业的核心竞争优势，在不断地品牌塑造的过程中，将会更为理性地将感性的因素数据化、品牌化、市场化，从而为品牌构建体系。

（2）数据化团队管理，提高效率

在研发、采购、销售、管理等团队中，由于团队管理的目标设定和激励体系不同，会导致企业的上下很难协调一致，效率低下。因此，通过数据化战略管理团队，根据市场容量以及销售量逐层制定目标。根据薪电公司数据库，将目标进行分配，把营销团队纳入考核激励体系。基于数据环环相扣，导入 KPI 考核和激励，实现效益最大化。

（3）数据化营销管理，投入产出最大化

营销内在的规律是围绕目标客户群体的行为诉求和情感诉求，进行针对性营销，从而激发客户兴趣直至产生购买。将营销费用数据化，是指营销费用与营业额之间的比例要合乎电池行业规律。当品牌在初期建立的时候忠诚度不高时，通常营销费用会提高；当薪电公司的品牌忠诚度较高时，营销费用在营业额中的占比会稍微降低。

8. 生产链的延长

在运营方面，公司将延长生产链，扩大生产范围，承接秸秆等原料的处理，从而形成可持续发展的良性循环。

根据国家最新的农业政策，农民以绿色环保的方式处理秸秆将会得到一定的补贴。而农民如果将秸秆赠予公司，由公司进行清洁处理，那么农民就能够领到国家下发的补贴。而公司可以与农民分成这部分的补贴，从而补充一部分的秸秆加工费用。具体的方法实施可以从以下几个方面入手。

一是秸秆放置地点的选择。公司需要与当地的政府协商，向当地村民租借一个仓库作为秸秆的存放地。

二是秸秆处理的方法。公司回收的秸秆是农民进行干晒脱水后的干秸秆，可以直接进行加工。而公司将根据当地秸秆的产量购置秸秆粉碎机，在农民将秸秆交予公司时当场将秸秆进行粉碎，并装袋存放以节约空间。

三是秸秆利润的获取。秸秆回收处理的利润是从国家的优惠政策中获取的，公司将会登记好每个村民交予公司的秸秆的吨数，而当农民获得国家的补贴之后，我们就在农民的补贴中按比例与吨数进行抽成。

二 Island 创客教育创业项目

（一）企业宗旨

Island 创客教育以创客活动为载体，以全新的课程体系，为中小学生带去打破学科界限、融合应试教育与素质教育的创客教育。公司通过创新的教学方式，弥补应试教育缺陷，培养中小学生的创新精神和科学素养，提高中小学生的综合素质。

（二）企业定位

公司结合现代社会对综合素质教育及科学素养的重视和市场需求，将自身企业定位为专注于中小学生创客教育领域的方案供应商，为创客教育行业提供集产品、课程、空间建设、实施方案、运营方案于一体的综合解决方案，旨在让更多的青少年接触到创客教育，成长为综合素质过关的新时代人才。

（三）企业战略

公司通过建立自己独有的品牌以及提升自身的核心竞争力来强化公司结构，提升公司的综合竞争力，从而发展成为行业领先的创客教育企业。

1. 总体战略

（1）战略纲领

企业针对目前国内创客教育市场公司业务单一且孤立于应试教育之外的现状并结合公司定位及宗旨提出以下战略纲领。

第一，先输出后品牌战略。前期担任产品硬件提供商、课程提供商角色，通过课程及产品输出，获得初始运营基金并占领市场，并通过三下乡义教队伍的创客教育小课堂进行试点建立品牌形象。后期利用产品和课程的传播性提高品牌影响力，形成规模发展。

第二，先校内后校外战略。通过整合产品器材提供商、课程内容提供商、培训服务提供商三个角色，抓住当前中小学创客教育氛围迅速占领中小学校园市场，在校内入驻创客小空间，并通过承办竞赛、经验分享等活动实现教育成果的交流和共享，以此沉淀用户，进而发展到后期通过各平台实现校内用户引流到校外一站式辅导机构。

（2）战略规划

初创期：产品面市之前，团队成员会随三下乡队伍深入义教地点进行公益试讲及试点，在积累更多教学经验改进课程体系的同时对市场进行测试。进入初期阶段，在市场上投放销售团队开发的课程内容及硬件设备，通过低成本增加投入产出比以获得更多的资金积累。此时考虑更多的是课程的便捷性、经济性和可操作性。初期阶段，无须搭建创客空间，在普通课室即可开展，同时不需要采购太多器材和工具，容易管理且成本低；课程开展可持续性高，学生容易接受，易激发起兴趣。深化与公益组织的合作关系。以前期试点作为结点像蛛网一样向周围辐射出去，与成功试点的周围多地村镇进行合作洽谈，以成本价在更多的地点进行课程投放，让创客教育在农村能够真正落地成形，同时加大媒体宣传力度，呼吁更多公益组织加入公司，从而扩大公司知名度。

发展期：中期阶段，在品牌与产品开始推广后，公司在这个阶段将加大资金投入，扩大业务范围。具体而言，在开发课程内容及硬件设备的同时，利用资金积累及技术开发推进创客小空间入驻校园，与有个性化需求的学校进行合作教研，开发与学校特色接轨的创客空间和课程体系，迅速固定市场。不断提高课程开发质量及硬件设备销售，形成良性循环。企业将从高校较为集聚的广州开始试点进行，选取目前未开展创客教育或探索较浅层的中学、小学进行合作，分区域同时开展合作，从点到面逐渐推进。团队在教学内容上提供课程体系支持及人才讲师支持，借鉴STEAM课程融合模式，开展综合型创客课程，结合生活情境训练学生探索创新、解决问题的能力；在课堂上结合创客软硬件的使用，帮助学生更轻松地完成创造。课余，在课程开展过程中选拔优秀学生组建创客团队参与比赛，提升学校荣誉。

以学生创客空间、创客社团、创客文化节等方式开展活动。在学校开展创客教育，使学生从传统的"知识学习者"转变成为"知识生产者"，帮助学生更全面地发展。学生创客既是学习者，又是创造者、设计者、实施者。借助创客小空间为师生们提供了开展活动、讨论交流、实践创造的场所，同时也使分类繁多的创客工具、资源有了存放的空间。

成熟期：企业在后期阶段将成立一站式辅导站并扩大合作规模。此时资金积累较为充裕，技术得到一定程度的升级发展，用户在中期阶段得以沉淀积累，成立一站式辅导站可将校内用户引流至校外，并通过加盟等盈利方式进一步发展壮大公司，提高公司运营效率。除与学校、企业进行合作外，还将在城市文化场所进行创客教育体验活动，提高企业品牌知名度与影响力。以广州市活动方案为例，在1200bookshop书店正佳店、联合书店珠江新城店、TIT创意园树德生活馆等城市文化场地租借场所开展开放性创客教育体验课、小讲堂，举办亲子活动；在广州图书馆开放的创客空间开展创客体验活动，主要以提供少儿创客课程的形式为广大青少年儿童提供各类与人工智能等当代最新科技有关的体验活动。

后续将会与城市公园进行项目合作，建设适合儿童、青少年野外生存的场地，搭建创客小空间，让城市的角落成为创客式教育的一个场地，建设当地创客空间，提高品牌影响力。

2. 文化战略

（1）建立创客讲堂及校园创客嘉年华

企业通过建立创客讲堂，邀请校内外专家、学者及优秀创客代表进行创客知识、创客文化系列主题讲座与沙龙活动，积极营造创新创业文化氛围。并与学校合作开展校园创客嘉年华，通过"创客乐园"现场展示与交流、工作坊、论坛等活动，公众可亲身参与、体验创客的创新成果，推动创客文化的发展。

（2）建立工作坊和民间创客展

中华传统文化也是 Island 创客教育综合素质培育的一部分。公司通过设立创客工作坊、创客创意课程，让受众在传承创客精神的同时感受传统文化的魅力，体验 DIY 手工制造等，将创客教育理念与中华文化相结合。在文化建设上，校园创客小空间可以根据校园文化、区域经济基础、地方民俗特色建立有特色的校园创客空间，如陶艺、面塑、草编、风筝、花灯、年画、服饰、珠串等传统工艺，并和现代信息技术以及数字化的加工方式相结合，体现创客教育的时代特征。

（3）提升城市创客文化氛围

不止于学生层面的学习氛围，企业也看重城市大环境下的创客氛围。公司会与城市文化场所开展合作，通过举办成果展、创客亲子活动、科技体验节等活动来提高企业认知度与影响力，并企望以此营造城市整体的创客氛围，提升市民基本科学素养。后期还会与城市公园进行项目合作，建设适合儿童、青少年野外生存的场地，搭建创客小空间，建设当地创客空间，提高影响力。

（4）投身公益回馈社会

企业在各阶段发展都秉承宗旨，为提高下一代的综合素质而努力，其中包括贫困山村的孩子。因此，公司积极与各大公益组织合作，通过下乡支教等途径帮扶到位，并安排团队人员深入地方学校对当地教师进行培训，以最低的成本价提供课程教具，助其实现创客教育的真正落地。做好公益的同时也是在提升企业品牌影响力。

三 案例启示

本节以获得 2018 年"创青春"全国大学生创业大赛创业计划竞赛国赛铜奖的作品《广州薪电科技有限公司》，以及广东工业大学校内创新创业竞赛训练优秀作品《Island 创客教育创业项目》为例进行分析。薪电公司是一家以技术研发为主的科技企业，专注于研发生物质燃料电池，致力于解决农村废弃秸秆问题，瞄准的是燃料电池行业，根据博思数据发布的《2017～2022年中国燃料电池行业市场竞争格局与投资规划建议规划分析报告》，该领域正处于欣欣向荣之时，也已有一些代表性企业，与此同时，薪电公司拥有自己的核心技术及科研能力，具有一定的市场竞争优势，故而其商业计划书中所涉及的战略与策略篇章，主要是考虑竞争性战略策略。《Island 创客教育创业项目》则关切的是素质教育领域较为新兴的创客教育细分赛道，该项目优先考虑如何与中小学合作、如何树立企业文化形象等，围绕这些问题制定了一系列战略策略，相对突出地展现其追求市场认可与支持的动机，随后则考虑竞争性市场营销策略。

结合本书第六章第二节的内容，可见参赛团队通过厘清基本的战略策略制定思路，可以为自己科学制定战略策略提供理论依据。在不确定性创新创业情境中，新工科创新创业团队合理制定战略策略，方能把准正确方向，朝着团队愿景稳健前行。

参考文献

中文论文

仲伟仵、芦春荣：《环境动态性对创业机会识别可行性的影响路径研究——基于创业者个人特质》，《预测》2014 年第 3 期。

于晓宇、胡芝甜、陈依等：《从失败中识别商机：心理安全与建言行为的角色》，《管理评论》2016 年第 7 期。

施冠群、刘林青、陈晓霞：《创新创业教育与创业型大学的创业网络构建——以斯坦福大学为例》，《外国教育研究》2009 年第 6 期。

王志强、郭宇：《"追求成功"还是"追求幸福"：对创新创业教育目的的伦理审思》，《教育发展研究》2022 年第 1 期。

顾佩华：《新工科与新范式：实践探索和思考》，《高等工程教育研究》2020 年第 4 期。

邵波、史金飞、郑锋等：《新工科背景下应用型本科人才培养模式创新——南京工程学院的探索与实践》，《高等工程教育研究》2023 年第 2 期。

梁静鑫、祁明德、刁衍斌等：《"产学创"：新工科人才培养工程实践系统的优化机制》，《系统科学学报》2022 年第 2 期。

邱学青：《地方工科大学卓越工程人才培养"5I"新路径探析》，《中国高等教育》2024年第10期。

林健：《引领高等教育改革的新工科建设》，《中国高等教育》2017年第Z2期。

张小钢、李志义：《工科大学生创造力结构模型及提升研究》，《天津师范大学学报》（社会科学版）2023年第4期。

秦静怡、李华、陈秀等：《新工科与创新创业教育融合的模型研究——基于扎根理论的80所高校样本分析》，《中国高校科技》2022年第8期。

梅强、顾加慧、徐占东：《创业警觉性在社会网络与大学生创业意向间的中介作用——人格特质的调节》，《技术经济》2020年第3期。

李韵捷、梁静鑫、王明亮：《价值共创导向的高校创新创业生态系统治理》，《科技管理研究》2023年第8期。

赵笑雨、周颖玉、刘海鸥：《国内外高校众创空间生态系统模型：基于多案例的扎根研究》，《科技管理研究》2022年第13期。

陈元媛：《基于生态系统理论的高校创新创业教育研究》，《学校党建与思想教育》2021年第14期。

刘巧芝、杨涵：《共生与演化：高校创业教育生态系统的建构与演进机理》，《教育与职业》2019年第21期。

成希、李世勇：《大学创新创业教育生态系统的指标构建与权重分析》，《大学教育科学》2020年第1期。

黄兆信、王志强：《高校创业教育生态系统构建路径研究》，《教育研究》2017年第4期。

陈静：《构建高校创业教育生态系统的若干思考》，《思想理论教育》2017 年第 6 期。

刘文杰：《我国高校创业生态系统的现实困境及其超越》，《高校教育管理》2020 年第 5 期。

何郁冰、丁佳敏：《创业型大学如何构建创业教育生态系统?》，《科学学研究》2015 年第 7 期。

陈卓武、林逢春、梁静鑫等：《文化资本视域下海外华侨华人高层次人才参与高校创新创业教育的现状及对策——以 G 大学为例》，《科技管理研究》2022 年第 5 期。

王志强：《从"科层结构"走向"平台组织"：高校创新创业教育的组织变革》，《中国高教研究》2022 年第 4 期。

徐小洲：《转型升级期高校创新创业教育生态系统建构策略》，《教育发展研究》2019 年第 Z1 期。

丁月华、张明丽：《高校创新创业教育体系的整体性治理》，《思想理论教育》2022 年第 2 期。

张超、张育广：《高校创新创业教育生态系统运行策略研究——基于生态位理论视角》，《实验室研究与探索》2019 年第 1 期。

易烨、丁明军：《组织生态学视角下本科层次职业教育发展的风险因素与消弭之策》，《职教论坛》2021 年第 10 期。

孙金云、李涛：《创业生态圈研究：基于共演理论和组织生态理论的视角》，《外国经济与管理》2016 年第 12 期。

段杰、龙瑚：《基于组织生态视角的创意产业集群形成机制研究》，《南京审计大学学报》2017 年第 5 期。

郭璨：《在线教学时代本科教学管理制度重构：何以必要与可能》，《国家教育行政学院学报》2020 年第 9 期。

高展明、郭东强：《澳门中小企业知识管理模式构建及仿真研究——基于组织生态视角》，《经济管理》2015 年第 4 期。

杨晓慧：《高校创业教育生态系统建设的国际比较和中国特色》，《中国高教研究》2018 年第 1 期。

于玺、植林、梁静鑫等：《新工科体验式创业教育的系统机制》，《系统科学学报》2023 年第 2 期。

周艳、苗展丽、陈海龙等：《新工科背景下能源与动力工程专业创新创业教育体系的构建与实践》，《高等工程教育研究》2023 年第 S1 期。

李炜：《工科大学生创业风险现状分析及对策研究》，《中国成人教育》2017 年第 22 期。

袁杰、赵建仓、吴志辉等：《创业风险投资与高校科技成果转化》，《中国高校科技》2018 年第 11 期。

沈云慈：《地方高校创新创业教育支持体系的构建——基于产学研协同全链条融通视角》，《中国高校科技》2020 年第 12 期。

郭丽莹、赵国靖、黄兆信：《从工具理性到价值理性：高校创新创业教育的新功能观》，《杭州师范大学学报》（社会科学版）2023 年第 2 期。

刁衍斌、王嘉茉、张育广等：《系统思维视域下高校体验式创业价值观的培育路径》，《系统科学学报》2022 年第 4 期。

尹广文：《创新型国家建设的社会基础研究》，《福建论坛》（人文社会科学版）2015 年第 2 期。

张凤娟、潘锦虹：《我国高校创新创业教育政策的范式变迁及其嬗变逻辑》，《高等工程教育研究》2022 年第 5 期。

杨丹辉：《未来产业发展与政策体系构建》，《经济纵横》2022 年第 11 期。

李军凯、高菲、龚轶：《构建面向未来产业的创新生态系统：结构框架与实现路径》，《中国科学院院刊》2023 年第 6 期。

满炫：《"以文化人"理念下高校文化育人目标的价值取向及科学设定》，《江苏高教》2018 年第 5 期。

王朝云：《创业机会的内涵和外延辨析》，《外国经济与管理》2010 年第 6 期。

王建中：《创业机会、资源整合能力与创业绩效：一个概念性框架的构建》，《中国市场》2011 年第 46 期。

孙继伟、邓莉华：《创业团队冲突导致创业失败的探索性研究》，《科技进步与对策》2021 年第 17 期。

朱仁宏、曾楚宏、代吉林：《创业团队研究述评与展望》，《外国经济与管理》2012 年第 11 期。

吴维库：《葡萄树结构：团队领导力的解析》，《领导科学》2015 年第 35 期。

郭守亭、李万方、蔡佳佳：《基于模块化思想的零售商业模式构成及创新路径研究》，《宏观经济研究》2016 年第 2 期。

王先鹿、任莉莉：《管理会计工具在创业企业商业模式子画布中的应用——基于要素耦合视角》，《财会通讯》2023 年第 7 期。

李桂福：《战略与策略在图书营销中的运用》，《出版发行研究》2009 年第 3 期。

龚志文、李万峰：《我国社会组织与政府的互动：策略、逻辑及其治理》，《新疆社会科学》2018 年第 4 期。

温超、陈彪：《创业学习、创业战略与新企业竞争优势》，《外国经济与管理》2019 年第 9 期。

陈彪、单标安：《转型环境下创业战略与新创企业竞争优势关系研究》，《科技进步与对策》2018年第3期。

郭会斌：《内创业战略情境下人力资源策略的生产性意蕴——兼论人力资源管理促进成熟期更新的机理》，《经济问题》2015年第7期。

王渊、郑佳楠、姜玮玄：《创业机会研究展望：基于文献计量的分析》，《科技管理研究》2021年第19期。

单标安、蔡莉、鲁喜凤等：《创业学习的内涵、维度及其测量》，《科学学研究》2014年第12期。

王圃博：《新工科背景下师范类高校创新创业教育模式探究——评〈新工科背景下地方高校创新创业教育模式研究及实践〉》，《中国教育学刊》2024年第10期。

金镭、章婧、邓鑫雨：《我国研究生创新创业教育的困境与发展对策——基于国外经验的探索》，《研究生教育研究》2024年第5期。

汤赫男、郭忠峰、乔景慧等：《新工科背景下环保意识在创新创业教育中的渗透与实践》，《机械设计》2024年第9期。

王洪才：《创新创业教育：高校适应新质生产力发展的根本选择》，《江苏高教》2024年第8期。

黄丽静、杨玉：《高校创新创业教育生态：系统结构、困境与优化》，《黑龙江高教研究》2024年第8期。

胡瑞、李彩云：《创业教育驱动大学生NVI形成的链式机制》，《高等工程教育研究》2024年第3期。

滕腾、李爱彬：《数字经济时代我国高校创业教育的机遇、挑战与路径选择》，《江苏高教》2024年第4期。

郑雅倩、杨振芳：《高校创新创业教育发展的制度化困境及其超越》，《高教探索》2024 年第 2 期。

卓泽林、龙泽海：《高校创新创业教育赋能共同富裕的概念框架
与实现路径》，《现代教育管理》2024 年第 3 期。

徐小洲、宋宇：《模式转型：高校创业教育高质量发展的新时代
使命》，《中国高教研究》2024 年第 3 期。

马玲玲、顾栋栋：《知识与能力并重视角下地方高校创新创业教
育生态系统的优化》，《教育学术月刊》2024 年第 2 期。

贾征、龚柏松：《高校创新创业教育与专业教育融合的路径研究》
《学校党建与思想教育》2023 年第 24 期。

林盛光：《"双创"背景下的高校创新创业教育》，《山西财经大
学学报》2023 年第 S2 期。

王洪才：《创新创业教育：中国式教育现代化的基石》，《江苏高
教》2023 年第 9 期。

郑雅倩：《斯坦福大学创业教育生态系统中的学科角色及其形成
逻辑》，《黑龙江高教研究》2023 年第 5 期。

孙剑萍、汤兆平：《高校创新创业教育"内卷化"的困境表征与
"破卷"之道》，《现代教育管理》2023 年第 3 期。

李珊珊：《创新创业教育与建筑课程的有效结合》，《建筑结构》
2023 年第 5 期。

陈忠卫、胡凡、郝喜玲等：《失败后如何从头再来——基于大学生
创业竞赛失败修复的实证研究》，《高等工程教育研究》2022
年第 2 期。

屈振辉、李秋艳：《地方高校产学研用一体化与创新创业教育改
革》，《中国高校科技》2018 年第 11 期。

郑俐：《基于 SYB 模式探究高校创新创业教育改革》，《现代教育

管理》2018 年第 9 期。

曾令斌：《创新创业教育改革的政策依据、内在逻辑与路径取
　　向》，《教育与职业》2017 年第 22 期。

宫毅敏、林镇国：《创业竞赛对提升学生创新创业能力的影响——
　　基于创业竞赛参赛意愿调查问卷的数据挖掘分析》，《中国高
　　校科技》2019 年第 12 期。

林健、田远：《创业教育的就业质量效应实证研究：基于创业竞
　　赛的视角》，《国家教育行政学院学报》2019 年第 10 期。

汤伟伟、梁瑞兵：《大学生创业竞赛活动的发展与教学研究》，
　　《黑龙江高教研究》2013 年第 2 期。

孟芊、刘震、申跃：《从创业竞赛到创业教育：对于我国大学创
　　业教育的思考》，《特区经济》2008 年第 11 期。

姚山季、经姗姗、陆伟东：《科产教融合视角下的创新创业教育改
　　革：举措、成效与保障》，《中国大学教学》2023 年第 10 期。

方晓明、张龙：《体验式学习：斯坦福大学社会创业教育的经验
　　与启示》，《中国高教研究》2023 年第 8 期。

吉峰、张宏建、李新春等：《过程性视角下高校创新创业教育的
　　障碍归因与对策研究》，《江苏高教》2023 年第 6 期。

潘柏：《高校深化创新创业教育改革的内涵、困境与对策》，《贵
　　州师范大学学报》（社会科学版）2022 年第 5 期。

余昌海：《深化高校创新创业教育改革须正确处理好四对关系》，
　　《教育理论与实践》2020 年第 24 期。

中文译著

〔美〕巴隆等：《创业管理：基于过程的观点》，张玉利、谭新

生、陈立新译，机械工业出版社，2005。

中文专著

李亮、刘洋、冯永春编著《管理案例研究：方法与应用》，北京大学出版社，2020。

闵航：《微生物学》，浙江大学出版社，2011。

杜殿川：《行走共同成长的教育之路》，宁夏人民出版社，2018。

李政、钱松：《创新创业概论》，苏州大学出版社，2023。

祝海波、陈洪华、罗匡等：《创新创业基础》，重庆大学出版社，2023。

温东荣、王海斌：《创新创业实践》，厦门大学出版社，2022。

艾海松：《创业基础实务》，华中科技大学出版社，2021。

郑健壮、陈勇：《创新创业成功之道》，浙江大学出版社，2021。

温正胞：《大学创业与创业型大学的兴起》，浙江大学出版社，2019。

李坤皇、何文婷、邓雪等：《三螺旋创新视角下大学的发展与创新创业教育研究》，厦门大学出版社，2018。

王玉斌、张丽：《全球价值链与高校创新创业教育研究》，四川大学出版社，2017。

鲍春雷：《中国青年就业创业问题研究》，社会科学文献出版社，2017。

毛良虎：《国际化视野下的创造、创新和创业》，东南大学出版社，2016。

朱文章、陈丽安、林志成：《新工科人才创新创业能力培养》，厦门大学出版社，2018。

英文期刊

Thompson V. A. , "Bureaucracy and Innovation," *Administrative Science Quarterly*, 1971, 16 (2): 1-20.

Plessis M. D. , "The Role of Knowledge Management in Innovation," *Journal of Knowledge Management*, 2007, 11 (4): 20-29.

Baregheh A. , Rowley J. , Sambrook S. , "Towards a Multidisciplinary Definition of Innovation," *Management Decision*, 2009, 47 (8): 1323-1339.

Gibb A. A. , "Enterprise Culture and Education: Understanding Enterprise Education and Its Links with Small Business, Entrepreneurship and Wider Educational Goals," *International Small Business Journal*, 1993, 11 (3): 11-34.

Timmons J. A. , "Characteristics and Role Demands of Entre-preneurship," *American Journal of Small Business*, 1978, 3 (1): 5-17.

Stevenson H. H. , "Why Entrepreneurship Has Won," *Coleman White Paper*, 2000, 2 (4): 483.

Linán F. , Chen Y. W. , "Development and Cross-cultural Application of a Specific Instrument to Measure Entrepreneurial Intentions," *Entrepreneurship Theory and Practice*, 2009 (3): 593-617.

Chen C. C. , Greene P. G. , Crick A. , "Does Entrepreneurial Self-efficacy Distinguish Entrepreneurs from Managers?" *Journal of Business Venturing*, 1998, 13 (4): 295-316.

Edwards J. , Miles M. P. , D'Alessandro S. , et al. , "Linking B2B Sales Performance to Entrepreneurial Self-efficacy, Entrepreneurial Selling Actions," *Journal of Business Research*, 2022, 142: 585-593.

Boyd N. G., Vozikis G. S., "The Influence of Self-efficacy on the Development of Entrepreneurial Intentions and Actions," *Entrepreneurship Theory and Practice*, 1994, 18 (4): 63-77.

Zhao H., Seibert S., Hills G., "The Mediating Role of Self-efficacy in the Development of Entrepreneurial Intentions," *Journal of Applied Psychology*, 2005, 90 (6): 1265-1272.

Maritz A., Jones C., Shwetzer C., "The Status of Entrepreneurship Education in Australian Universities," *Education + Training*, 2015, 57 (8-9): 1020-1035.

Mckeon T. K., "A College's Role in Developing and Supporting an Entrepreneurial Ecosystem," *Journal of Higher Education Outreach and Engagement*, 2013, 17 (3): 85-89.

Freeman J., Carroll G. R., Hannan M. T., "The Liability of Newness: Age Dependence in Organizational Death Rates," *American Sociological Review*, 1983: 692-710.

Baum J. A. C., Mezias S. J., "Localized Competition and Organizational Failure in the Manhattan Hotel Industry, 1898 - 1990," *Administrative Science Quarterly*, 1992: 580-604.

Dimov D., "Beyond the Single-person, Single-insight Attribution in Understanding Entrepreneurial Opportunities," *Entrepreneurship Theory and Practice*, 2010, 31 (5): 713-731.

Ardichvilia A., Cardozo R. N., "A Model of the Entrepreneurial Opportunity Recognition Process," *Journal of Enterprising Culture*,

2000, 8 (2): 103-119.

Suddaby R. , Bruton G. D. , Sis X. , "Entrepreneurship through a Qualitative Lens: Insights on the Construction and/or Discovery of Entrepreneurial Opportunity," *Journal of Business Venturing*, 2015, 30 (1): 1-10.

Alvarez S. A. , Young S. L. , Woolley J. L. , "Opportunities and Institutions: Aco-creation Story of the King Crab Industry," *Journal of Business Venturing*, 2015, 30 (1): 95-112.

Wirtz B. W. , Pistoia A. , Ullrich S. , et al. , "Business Models: Origin, Development and Future Research Perspectives," *Long Range Planning*, 2016, 49: 36-54.

Casadesus-Masanell R. , Ricart J. E. , "From Strategy to Business Models and onto Tactics," *Long Range Planning*, 2010, 43 (2): 195-215.

Amit R. , Zott C. , "Value Creation in E-business," *Strategic Management Journal*, 2001, 22 (6/7): 493-520.

Amit R. , Zott C. , "Business Model Design and the Performance of Entrepreneurial Firms," *Organization Science*, 2007, 18 (2): 181-199.

Amit R. , Zott C. , "The Fit between Product Market Strategy and Business Model: Implications for Firm Performance," *Strategic Management Journal*, 2008, 29 (1): 1-26.

Johnson M. W. , Christensen C. M. , "Reinventing Your Business Model," *Harvard Business Review*, 2008, 35 (12): 52-60.

英文专著

Schumpeter J. A. , *The Theory of Economic Development*: *An Inquiry Into Profits*, *Capital*, *Credit*, *Interest*, *and The Business Cycle*, New Brunswick, New Jersey: Transaction Books, 1934.

Nord W. , Tucker S. , *Implementing Routine and Radical Innovations*, Lexington, MA: Lexington Books, 1987.

Covin J. G. , Slevin D. P. , *The Entrepreneurial Imperatives of Strategic Leadership*; Hitt M. A. , Ireland R. D. , Camp S. M. , et al. , *Strategic Entrepreneurship*: *Creating a New Mindset*, Oxford: Blackwell Publishers, 2002.

Timmons J. A. , Soinelli S. , *New Venture Creation*: *Entrepreneurship for the 21st Century*, Boston: Irwin. Homewood, 1999.

Ajzen I. , *From Intentions to Actions*: *A Theory of Planned Behavior*, Heidelberg: Springer, 1985.

Yin R. K. , *Case Study Research*: *Design and Methods* , 3rd ed. New York: Sage Publications, 2003.

Amit R. , Zott C. , *Business Model Design*: *A Dynamic Capability Perspective*, J. Manage, 2014.

Afuah A. , Tuccci C. , *Internet Business Models and Strategies*, McGraw Hill, 2001.

Weill P. , Vitale M. , *Place to Space*: *Moving to E-business Models*, Harvard Business School Press, 2001.

Osterwalder A. , Pigneur Y. , *Business Model Generation*, New Jersey: Wiley. 2004.

学位论文

石静：《新工科背景下高校创新创业教育的路径研究》，硕士学位论文，西安理工大学，2022。

王维军：《工科优势高校创业教育课程建设现状与优化》，硕士学位论文，华东理工大学，2021。

朱静：《基于创业能力培养的工科研究生创业教育改进研究》，硕士学位论文，武汉理工大学，2020。

胡蝶：《基于三螺旋理论的工科院校创新创业教育研究》，硕士学位论文，华北电力大学，2019。

宋之帅：《工科高校创新创业教育模式研究》，博士学位论文，合肥工业大学，2014。

汪佳：《地方工科院校实施创业教育的制约因素及其对策研究》，硕士学位论文，华东理工大学，2014。

黄爱珍：《美英日创业教育模式的比较及对我国的启示》，硕士学位论文，江西财经大学，2012。

中文报纸

《习近平在全国高校思想政治工作会议上强调 把思想政治工作贯穿教育教学全过程 开创我国高等教育事业发展新局面》，《人民日报》2016年12月9日。

《深化创新创业教育改革 培养创新创业人才》，《江苏科技报》2024年1月5日。

《持续深化高等学校创新创业教育改革与发展》，《消费日报》2019年10月23日。

《创新创业教育成高校教育改革重点》，《中国商报》2017 年 12 月
　　13 日。

《创业教育，应该是一种怎样的教育》，《光明日报》2017 年 8 月
　　12 日。

《创新创业教育为未来培养人才》，《中国青年报》2016 年 8 月
　　11 日。

《私人定制＋团队辅导，助力更高质量就业创业》，《河北日报》
　　2023 年 9 月 21 日。

《大学生创业风险不容忽视》，《中国劳动保障报》2018 年 6 月
　　20 日。

《大学生创业：有激情还要有能力》，《中国青年报》2016 年 10 月
　　30 日。

《创业，可持续才有生命力》，《文汇报》2010 年 6 月 21 日。

网　站

《二十国集团创新增长蓝图》，人民网，http：//world. people. com.
　　cn/n1/2016/0906/c1002－28693128. html。

《教育部推十大专项行动 加快高层次人才培养》，中国新闻网，ht-
　　tps：//www. chinanews. com. cn/gn/2020/09－22/9296944. shtml。

《教育部国资委联合召开卓越工程师培养工作推进会》，国务院国
　　有资产监督管理委员会网站，http：//www. sasac. gov. cn/n2588
　　020/n2588057/n2592506/n2592514/c26106033/content. html。

后　记

当前，我国新工科建设进入"再深化、再拓展、再突破、再出发"的新阶段，新工科创新创业教育也迎来了改革与发展的新时期。新工科创新创业竞赛训练是培育新工科创新创业人才的有力抓手。笔者所在单位的创新创业工作扎实开展，2022～2023学年，参与各种创新创业竞赛和项目训练活动的学生占全院学生的73%，"互联网+"大赛延续2021年好成绩，获国赛金奖1项、银奖2项、铜奖1项，推荐2个创新创业团队入驻工大创谷。在创新创业竞赛训练过程中，不乏一批创新创业团队扎根祖国大地，扎实推进项目调研，运用创业机制解决诸多社会痛点问题，如一团队瞄准梅州市兴宁市径南镇茶叶产销的问题，运用精油深加工等技术，打造特色茶香新产品；另一个团队针对河源市糯米酒产业酒糟处理的难题，从酒糟中提取出降血脂活性多肽，有效地解决了酒糟处理的环保问题，也带来了巨大的附加值。

在此书付梓之际，笔者回想起广东工业大学给予的一路栽培。从学生年代到进入工作岗位，此书聚焦了笔者得到的一切新工科创新创业竞赛训练，梳理既有的相关理论研究进展和实践育人经验，更为稳步地推进培育德才兼备的新工科创新创业人才。借此机会，感谢从学生时代到工作以后一直给予笔者指导与支持的各位恩师，感谢一直以来与我教学相长的学生团队核心负责人，一路上太多太多的感谢，太多太多的收获。未来，我将与挑战路上的新伙伴不断学习，继续探索未知的可能。

感谢笔者所在单位的领导、同事对本书的指导与支持，让我有充分的激情去策划、协调本书的撰写。还要特别感谢本书研究案例的有关项目团队以及战友们，为本书提供了宝贵的研究素材，也传递了开创性的思想、作风和精神。

本书由广东工业大学新工科教育研究中心资助。

新工科创新创业，我们永远在路上！

图书在版编目（CIP）数据

新工科创新创业竞赛训练：理论研究与实践启示／
李韵捷著．--北京：社会科学文献出版社，2024.12.
ISBN 978-7-5228-4850-1

Ⅰ.G647.38

中国国家版本馆 CIP 数据核字第 2024MV2346 号

新工科创新创业竞赛训练：理论研究与实践启示

著　　者／李韵捷

出 版 人／冀祥德
组稿编辑／任文武
责任编辑／刘如东
责任印制／王京美

出　　版／社会科学文献出版社·生态文明分社（010）59367143
　　　　　　地址：北京市北三环中路甲 29 号院华龙大厦　邮编：100029
　　　　　　网址：www.ssap.com.cn
发　　行／社会科学文献出版社（010）59367028
印　　装／三河市东方印刷有限公司

规　　格／开 本：787mm×1092mm　1/16
　　　　　　印 张：13.5　字 数：153 千字
版　　次／2024 年 12 月第 1 版　2024 年 12 月第 1 次印刷
书　　号／ISBN 978-7-5228-4850-1
定　　价／88.00 元

读者服务电话：4008918866